# 中国外贸体制改革
# 与外贸结构研究

刘妍　著

延边大学出版社

**图书在版编目（CIP）数据**

中国外贸体制改革与外贸结构研究 / 刘研著. -- 延
吉：延边大学出版社，2020.12
ISBN 978-7-230-00371-1

Ⅰ．①中… Ⅱ．①刘… Ⅲ．①外贸体制改革－研究－
中国 Ⅳ．①F752

中国版本图书馆 CIP 数据核字(2020)第 248260 号

**中国外贸体制改革与外贸结构研究**

----------------------------------------------------------------

著　　者：刘　研
责任编辑：王军有
封面设计：延大兴业
出版发行：延边大学出版社
社　　址：吉林省延吉市公园路 977 号　　　邮　　编：133002
网　　址：http://www.ydcbs.com　　　E-mail：ydcbs@ydcbs.com
电　　话：0433-2732435　　　　　　传　　真：0433-2732434
制　　作：山东延大兴业文化传媒有限责任公司
印　　刷：延边延大兴业数码印务有限责任公司
开　　本：787×1092　1/16
印　　张：10
字　　数：200 千字
版　　次：2022 年 3 月 第 1 版
印　　次：2022 年 3 月 第 1 次印刷
书　　号：ISBN 978-7-230-00371-1

----------------------------------------------------------------

定价：56.00 元

# 作者简介

刘研，女，国际贸易硕士，副教授，研究领域为国际贸易、国际服务贸易，现任长春财经学院国际经济贸易学院副院长。

# 前　　言

外贸体制是社会主义市场经济体制的重要组成部分，自 1978 年改革开放以来，我国的外贸政策逐渐向对外贸易制度和对外贸易战略中性化的方向发展。我国对外贸易体制改革的进程也呈现出渐进性、法治化和市场化的特点。建立一个在国家宏观调节下充分发挥市场作用，并与多边贸易体制更好衔接起来的外贸体制，不仅是我国扩大对外开放、实现国内经济与世界经济接轨的基础，也是建立社会主义市场经济体制、促进社会主义经济发展和实现现代化建设战略目标的重要前提和条件。

本书从我国社会主义市场经济发展的要求出发，尝试在我国已有对外贸易体制改革与外贸结构研究的基础上，尽可能地综合反映我国外贸发展研究的新成果和对外开放发展的实践经验，以求在体系结构和内容上有所创新，完善我国对外贸易体制改革与外贸结构研究。

笔者在撰写本书的过程中借鉴了许多前人的研究成果，在此表示衷心的感谢。由于中国外贸体制改革与外贸结构研究涉及范畴比较广，需要探索的层面比较深，稿件在撰写的过程中难免会存在不足，对一些相关问题的研究不够透彻，提出的中国外贸体制改革与外贸结构研究策略也有一定的局限性，恳请读者批评指正。

# 目　　录

# 第一章　对外贸易概述

## 第一节　中国古代的对外贸易

对外贸易（以下简称外贸）是人们关注的一个热点话题。外贸指一个国家或地区与其他国家或地区之间的有形或无形商品、技术和服务的买卖活动，即国家或地区间的商品、技术和服务交换。外贸由进口和出口两个部分组成，故也称进出口贸易。我国的外贸历史相当悠久，西汉时已设专门的外事机构大鸿胪寺，唐朝始设专门管理外贸的市舶司，北宋时期就颁布了世界上最早的外贸法规《市舶则法》等。在 19 世纪中期以前，我国在对外贸易中一直处于贸易顺差状态，即史籍记载的"出超"。下面笔者以秦汉时期对外贸易为例介绍我国古代的对外贸易。

### 一、古代的外贸

汉武帝时开通的西北丝绸之路，可以说是我国外贸兴起的重要标志。汉朝首设相当于现代外交部的大鸿胪寺，其接待人员中已有专职翻译官。《汉书·百官公卿表》记载："……武帝太初元年更名大鸿胪。属官有行人、译官、别火三令丞及郡邸长丞。"

比大鸿胪寺更早的外交官员是秦代的"典客"，"典客"级别很高，系九卿之一，汉景帝在位时更名为"大行令"。当时京师还设有"蛮夷邸"，专门接待外国使者和商贾。

汉代时，我国外贸以陆道为主，兼行海市。当时的外贸通道已是四通八达，除西北丝绸之路外，在西南有年代更久远的"永昌道"，取道缅甸、印度半岛，与中亚大陆的古老商道交会，是西南丝绸之路的干道；去朝鲜半岛有"乐浪道"，不仅运往朝鲜半岛的货物行经此道，转口日本的产品也由此道转运南行，被称为"东北丝绸之路"。

《后汉书·西域传》记载："……于是五十余国悉纳质内属。其条支、安息诸国至于海濒四万里外，皆重译贡献。"可见我国当时对外贸易之发达。

我国古代的外贸长期采用"朝贡"的方式，外国来的商品被称为"贡"或"献"，由我国交换出的商品则叫"赐"或"赏"，这实际上是一种不等价的官方外贸行为。

张骞出使西域，虽然带有军事、政治目的，事实上却是一次大规模的对外贸易活动。《史记·大宛列传》记载，汉元狩四年（公元前119年）张骞出使西域时，带"牛羊以万数，赍金币帛直数千巨万"。

张骞开辟丝绸之路后，我国的外贸活动更加频繁。《汉书·西域传》中有这样的记载："自是之后，明珠、文甲、通犀、翠羽之珍盈于后宫，薄梢、龙文、鱼目、汗血之马充于黄门，巨象、狮子、猛犬、大雀之群食于外囿。殊方异物，四面而至。"

汉代的外贸扩大了我国和我国产品的影响，现代流行的"Made in China"在那时已广为人知。当时，"中国货"几乎是国际高档商品的代称，在古罗马，我国的丝绸还一度与黄金等价，不少外商主动来华开展经贸活动。《梁书·诸夷列传》记载，226年，罗马商人秦论取海路至吴国进行贸易。

古代历朝不仅给来华外商提供业务上的便利，还以礼相待，加强保护。北宋时，对离境的外国商人，市舶司都会拨一笔巨款（约三千贯），设宴相送，请他们明年继续来华贸易。《宋会要辑稿·职官》中有这样的记载："蕃汉纲首（相当于船长）、作头、梢工等人，各令与坐，无不得其欢心。"

## 二、古代管理外贸的方法

在我国古代，外贸虽然因朝代更迭时而兴盛时而衰落，但总的趋势是越发活跃的，范围也愈加扩大，甚至清朝在实行闭关锁国政策后，也未完全中断中外文化交流和对外贸易。

面对日益繁荣的对外贸易，唐朝政府在广州始设市舶司，这是我国最早的专门管理外贸的机构，随之还形成了极具古代中国特色的"市舶制度"。《唐会要·御史台下》记载："开元二年十二月，岭南市舶司右威卫中郎将周庆立，波斯僧及烈等广造奇器异巧以进……"市舶使也称"结好使""押蕃舶使""监舶使"等，唐人李肇写的《唐国史补》（卷下）亦载："南海舶外国船也，每岁至安南、广州。……至则本道奏报，郡邑为之喧闹。有蕃长为主领，市舶使籍其名物……。"

宋朝政府颁布了世界外贸史上第一部外贸法规——《市舶法》。宋朝时期的外贸实行许可证制度，为从事海外贸易的商人颁发"公凭"（又称"公据""官券"）。中外商人持"公凭"进港或出洋，并可自由往来于我国各地，无"公凭"则属于走私行为，一旦被查缉，则没收货物。《宋史·食货志下》有载："商人出海外蕃国贩易者，令并诣两浙市舶司请给官券，违者没入其宝货。"

进行对外贸易应得到官府许可，这是在汉朝就有的规定。宋朝政府初设市舶司时，明确规定出海进行商业贸易须申领"公凭"，上报"引目"，"引目"相当于今天的进出口货物报税清单。

王安石在变法期间曾整顿外贸市舶章程，熙宁七年（1074 年），根据宋神宗的诏令，福建沿海口岸有南洋各国商舶到达时，需查验他们是否有"公凭"，如他们已经"抽买"（纳税），凭"回引"（纳税凭据）即可通行。如果没有"公凭"，货物没有纳税，不仅货物会被没收，货主还会因为无证或逃税被押往市舶司查处。

走私行为在古代称"漏舶"，汉武帝时长安有一批商人因与匈奴人买卖明令禁止交易的物品而被诛杀。对于走私行为，宋朝出台了世界上第一部反走私法——《漏舶法》，该法规定："如不出引目，许人告，依漏舶法。"

## 三、中美外贸的形成与发展

国际贸易平衡问题在古代同样存在。1840 年之前，我国与绝大多数国家的外贸处于巨额顺差状态，这不仅因为我们国家的人擅长外贸生意，还因为我国的商品丰富、受欢迎。秦汉出口的商品主要是丝绸、漆器、铁器，唐宋及以后以丝绸、瓷器、茶叶为主，进口产品则主要是香料、琉璃、象牙、马匹等。古代没有国际货币，都是以物易物，使用金银货币后，外贸平衡问题便更加突出了。

中美之间的贸易是从 1776 年美国独立后才开始的，清乾隆四十九年（1784 年），美国商船"中国皇后号"来到广州，标志着中美两国开始通商。美国外贸公司在广州设立分支机构，专事对华贸易。1840 年以前，美国从我国进口的大宗商品有茶叶、丝绸、南京布等，而美国本身可供对华出口的产品并不多，最受中国市场欢迎的是西洋参（花旗参）。

不少中外外贸史研究学者认为，美国商人通过对华贸易赚取的大量利润是美国早期财富的重要组成部分。主要原因有以下两方面：一方面，美国商人擅做三角贸易，倒买倒卖，除将货物运回美国之外，又将从我国进口的茶叶、生丝、土布等转售德国、西班牙、法国等国谋取厚利。1840 年以前，我国在中美贸易中一直处于"出超"地位。另一方面，美国还减少了我国茶叶等传统大宗商品的进口。后来美国不买我国的茶叶，而是买我国的茶树，学习我国的种茶技术，自产茶叶。《清史稿》有载："美利坚于咸丰八年购吾国茶秧万株，发给农民，其后愈购愈多，岁发茶秧至十二万株，足供其国之用。故我国光绪十年以前输出之数甚巨，未几渐为所夺。"

由此可见，美国早期富商巨贾大都通过对华贸易发家，可以说，自美国建国时起，我国便是其重要的外贸伙伴之一。

# 第二节  中国外贸的发展历程

## （1949 年至今）

自中华人民共和国成立至今，我国外贸发展是我国经济发展特征与方式的集中体现，从进口替代的外贸保护主义的实行到全面开放的出口导向再到人类命运共同体理念的提出，我国不断以外贸大国和资本大国的身份影响并改变着世界经济格局。70 多年来，我国外贸规模不断扩大，影响着经济结构的持续调整：外贸产品主要以工业制成品为主；一般外贸取代加工贸易成为了主要的外贸方式；从资本净流入国转变为资本净流出国，国际竞争力日益提高。近年来，我国已经踏上了新型工业化道路，外贸优势逐步从比较优势转向要素优势，通过加强与其他国家共同发展外向型产业集群的方式，推动经济高质量发展，进而推动我国从全球加工组装基地到全球制造基地的转变。

从 1949 年的 41.30 亿元到 2020 年的 32.16 万亿元，我国的外贸总值在 70 余年间翻了近 7 787 倍，在外贸的强力推动下，我国已经发展成为世界第二大经济体和第一大贸易国。我国经济发展的 70 余年是我国外贸发展的 70 余年，也是我国逐渐走向世界、融入世界、影响世界的 70 余年。

我国外贸 70 余年的发展历程可以分为四个阶段。

## 一、第一阶段（1949—1978 年）

中华人民共和国成立之初，实行社会主义计划经济，这一阶段中国对外贸易的原则为"互通有无、调节余缺"，基本方针是"在自力更生的基础上发展对外贸易"，因此采取的是进口替代的外贸保护主义政策，建立了国家统一管理的、以国营外贸企业为经营主体的外贸体制，采用较为封闭的内向型发展模式，与国际市场基本处于隔离状态。

# 二、第二阶段（1978—2001年）

1978年，改革开放拉开序幕，我国进入了以建立经济特区和制定优惠的外资政策为主要内容的有限开放时期。我国外贸战略调整为"进口替代＋出口导向"，并于1992年以后进入全面开放的"大经贸"时期，采取多项全新改革举措。从外贸经营权有限下放到外贸经营承包责任制的推行，外贸体制也随着市场经济的不断深入而完善。

这一时期，以符合社会主义市场经济体制要求和国际规范为主要内容的外贸体制确立，我国的外贸体制发生了重大变革。一是外贸经营体制发生了改变。外贸经营权由国家垄断下放至企业自主经营，企业与外贸公司之间的关系由买卖关系转变成了委托-代理关系，外贸结构基本形成了多层次、多种类、多种所有制结构共同经营的"大经贸"格局。二是外贸管理体制发生了改变，从单一的、高度集中的直接计划管理转变为多样、灵活和市场化的间接管理。首先在关税方面，新的管理体制优化了关税结构，关税总水平不断降低。其次，在外贸产品价格方面，国际市场交易情况从国内市场与国外市场相割裂逐步向国内价格与国外市场价格接轨转变。最后，在外汇方面，汇率制度从与市场相脱节、以国家统收统支为基础的官方固定汇率制过渡到汇率双轨制，即官方汇率与市场汇率相结合，实行有管理的浮动汇率制。对外汇的管理也从高度集中、计划审批转变为银行结售汇制，为实现人民币兑换奠定了基础。三是外贸组织结构发生了改变，自主经营、自负盈亏的私营企业和个体企业出现。我国的改革开放政策要求突破旧的所有制形式，允许除公有制以外的其他所有制形式共存互补，从而有效地提高了外贸企业经营效益和外贸宏观效益。四是外贸体制日益规范化。我国经济正在走向国际化，已初步确立符合市场经济要求和国际规范的国家外贸宏观调控模式，我国的外贸将在更加规范的轨道上健康运行。

在这一阶段，我国逐步构筑起以加工贸易为主、大规模利用外商直接投资的外贸格局。旧经济形势下的旧体制已经基本被打破，从旧体制向新体制过渡的阶段性目标已经顺利实现。

## 三、第三阶段（2001—2013 年）

2001 年 12 月 11 日，我国正式加入世界贸易组织（World Trade Organization, WTO），标志着我国的对外开放进入了一个新阶段。我国加入 WTO 后如同乘坐了一台加速器，加快了我国融入世界的速度。2003 年，我国以 535.07 亿美元的引资额成为世界第一大引资国；2004 年，我国以 1.15 万亿美元的外贸总额实现了中华人民共和国成立以来的首个"万亿"，也以占世界对外贸易总额 6%的规模成为世界第三大贸易国；2009 年，我国的出口额达到 1.2 万亿美元，跃居全球第一，从此开启全球第一大出口国时代。

## 四、第四阶段（2013 年至今）

21 世纪以来，我国的对外贸易快速发展，贸易体制变得更加自由化，我国经济也步入了"新常态"。在此背景下，2013 年 9 月 7 日，国家主席习近平在访问哈萨克斯坦时提出可以用创新的合作模式，以点带面，从线到片，逐步形成区域大合作。这一重大战略构想不仅可以使我国更好地融入世界体系，更有助于提高我国的国际地位。

# 第三节　中国外贸现状

当今社会发展的脚步越来越快，经济全球化的进程也在不断加快，我国与其他国家的贸易往来也越来越频繁。近年来，我国在外贸方面发生着巨大的变化，随着对外贸易的不断发展，各种问题也日益凸显。笔者针对我国当前的外贸现状进行了简要分析，具体内容如下。

# 一、中国外贸的发展趋势

## （一）外贸增长速度加快

全球经济一体化是国际贸易的发展趋势。我国加入 WTO 以后对外贸易领域开始高速发展，这种高速发展使我国的外贸增长率不断提升，2003 年和 2004 年两年的外贸增长率都在 35%以上，之后的两年也一直保持着高增长率。2008 年 9 月的全球金融危机对我国外贸的影响是巨大的，无论是进口增长速度还是出口增长速度在这一年都有不同程度的下降。2009 年，我国的进出口总值第一次出现负增长，可以说这是我国外贸增长速度的冰点。2010 年，我国外贸的总体情况相比上一年有所好转，同期外贸增长速度也有了较大提升。2020 年，我国进出口总值 32.16 万亿元，同比增长 1.9%。其中，出口 17.93 万亿元，增长 4%；进口 14.23 万亿元，下降 0.7%；贸易顺差 3.7 万亿元，增长 27.4%。

## （二）外贸商品结构不断优化

我国外贸商品结构上的变化集中反映了我国经济结构的演变。从 1953 年到 1977 年，我国初级产品出口比例从 79.4%下降到 53.6%，工业制成品出口比例从 20.6%上升到 46.4%。而进口方面，工业制成品始终占据进口总值的 8%左右。改革开放以后，初级产品的进出口比例迅速下降并始终维持在 3%以下，尤其是初级产品进口比例一直低于 1%，工业制成品成为进出口的主要商品。

## （三）外贸方式逐渐优化

改革开放的前 30 年，受以制造业的全球转移为主要特征的全球化浪潮的影响，国家在沿海地区设立经济特区，加大力度吸引外资，颁布出口退税等政策，我国逐渐成为一个以"三来一补"（来料加工、来件装配、来样加工和补偿贸易）为主要外贸方式的世界加工基地，同时确定了加工出口的基本态势。这期间，加工出口始终占据我国出口贸易的"半壁江山"，同时也暴露了一靠加工贸易、二靠外商直接投资、三靠廉价劳动力，以及技术含量低、品牌比例低、利润水平低的"三靠三低"缺点。

　　进入 21 世纪，为促进外贸增长方式转变和外贸平衡，财政部、国家税务总局等部门屡次调整出口退税政策。2005 年，分期分批调低和取消了"两高一资"（高耗能、高污染、资源性）商品的出口退税率，并适当降低了纺织品等易引发外贸摩擦的商品的出口退税率，同时提高重大技术设备、IT 产品及生物医药产品的出口退税率；2007 年 7 月 1 日起调整部分出口产品的退税率，涉及产品 2 831 项，占海关税收全部商品的 37%；2008 年 8 月 1 日和同年 11 月 1 日，两次提高部分纺织品和服装的出口退税率，并分别提高部分竹制品以及抗艾滋病药物等高技术含量、高附加值商品的出口退税率；2009 年 2 月 1 日和 4 月 1 日，再度一年内两次提高纺织品、服装的出口退税率，分别涉及 3 325 个税号和 3 802 个税号，并于 4 月 1 日提高了部分金属及其制品、皮革制品、日用陶瓷、显像管玻壳和家具等的出口退税率，6 月 1 日提高了部分机电产品和钢铁制品以及玉米淀粉和酒精的出口退税率；2010 年 7 月 15 日，取消钢材、有色金属加工材料、玉米淀粉，以及塑料制品、橡胶、玻璃及其制品、银粉、酒精、农药、医药等类别中部分产品的出口退税率。……2020 年 3 月 17 日，提高瓷制卫生器具、植物生长调节剂等产品的出口退税率；2021 年 4 月 26 日和 2021 年 7 月 28 日，先后两次取消部分钢铁产品的出口退税率。经过多次调整，我国的外贸方式得以优化，加工贸易占主导地位的低端外贸格局得以扭转，一般外贸比例为 56.4%，加工比例为 43.6%。

　　（四）外商在华投资结构逐渐改变

　　我国于 20 世纪 70 年代末 80 年代初开始引进外资，经过多年的发展始终保持着发展中国家第一大引资国的地位。2017 年，我国以 1 310 亿美元的实际利用外资额成为仅次于美国的世界第二大引资国，并出现一些新的特点，主要表现在以下五个方面。

### 1.投资来源聚散互现

改革开放初期，由于地缘优势和历史文化等因素，我国吸收到的直接投资绝大部分来自亚洲的国家和地区，来自亚洲以外国家和地区的资金微乎其微。这些资本多以小规模形式进入，以追求我国廉价的劳动力为主，主要投资劳动密集型产业。20 世纪 90 年代以来，随着我国投资环境的不断改善以及各项外资政策的日益明朗，加之我国经济所展现出来的惊人潜力和良好前景，越来越多的国际著名跨国公司纷纷将资金投向我国，美、日等国企业对我国的直接投资在我国实际利用外资总额中的比重不断上升，投资增速在 20%以上。截至 2017 年，共有 170 多个国家和地区在我国投资，世界500 强企业几乎全部在我国进行了投资，且 1/3 已将地区总部迁入我国。

值得注意的是，近十几年来，主要发达国家对我国的投资规模不仅没有增加反而持续降低，占比下降明显，英属维尔京群岛、开曼群岛投资占全部外商投资的比重则不断上升。截至 2017 年，日本对我国投资总额为2 018.82 亿美元，占比 10.19%；美国对我国投资共计 1 711.79 亿美元，占比 8.60%；德国对我国投资共计 1 114.72 亿美元，占比 5.60%；新加坡对我国投资共计 770.74 亿美元，占比 3.90%；其他国家和地区占比不到 20%。欧洲、亚洲和北美洲是中国企业海外并购的主要目的地，在 2014—2018 年间，中国对这些地区的企业并购无论是数量还是金额占比是中国企业海外并购的 80%左右，其中，2018 年并购数量占比达到 85.50%，并购金额占比达到 84.30%。

### 2.产业领域多样化

自 1984 年我国实施鼓励来料加工和进料加工外贸政策以来，以加工贸易为主的制造业始终是外商投资的主要行业，而我国大规模吸引外资的关键阶段恰恰是制造业全球转移时期，我国的劳动力优势使得最先进入我国的外资基本上集中在制造业，这一现象曾经一度使我国的产业发展陷入严重不平衡的困境，基础产业和服务业严重滞后。近年来，由于政策的积极引导以及我国在服务业等新兴产业中所蕴含的巨大商机，外资在我国的产业分布逐渐多样化，已发展到农业、服务业以及环保业等 20 多个领域，并且投资高新技术产业、高附加值产业的外资不断增加。我国加入 WTO 以后，以通信、金融、商业、中介服务、教育和文化艺术等为代表的服务业所吸引的国际直接投资（Foreign Direct Investment, FDI）规模增长更快。虽然第一产业所吸引的外商直接投资最少，但随着农业基础设施的完善和对外开放程度的深化，种植业及畜牧业的 FDI 增长十分明显。

　　从外商投资的绝对金额看，第一产业投资额总体呈"M"型走势；第二产业一直在上升，从 2011 年开始下降，整体趋势呈左长右短的倒"V"型；第三产业投资额持续增加并于 2010 年超过第二产业投资额，成为外商投资额最高的产业。从三种产业利用外资额比例关系看，第一产业占比变化波动不大，始终维持在 2% 以下，第二、三产业交替占据主导地位。2005 年以前，第二产业利用外资均占外资总额的 50% 以上并于 2004 年达到 75%，2005 年以后，第二产业利用外资额开始回落，并不断向第三产业转移，直到 2010 年第三产业利用外资额占比超越第二产业利用外资额。2017 年第三产业实际利用外资 893 亿美元，占全部实际利用外资总额的 68.1%。随着服务业对外开放程度逐渐提高，第三产业的利用外资额不断增加，产业范围也广泛分布于房地产业，批发和零售业，信息传输、计算机服务和软件业，金融业，交通运输业，技术服务业等，利用外资产业结构日益优化。

　　3.投资地区分布相对稳定

　　由于地理位置本身所具有的优越性及受历史和政治因素影响的工业基础环境，加之政策的倾斜，外商对华直接投资始终集中于东部沿海地区。截至 2017 年，我国东部实际利用外资额分别是中部、西部的 10.87 倍和 12.77 倍，东、中、西部地区外商投资占比分别为 85.40%、7.90% 和 6.70%。随着国家区域政策的调整以及西部大开发、振兴东北老工业基地等战略的实施，虽然西部和中部地区利用外资落后的局面并没有彻底改变，但是这些地区正在成为外商关注的热门投资地区，"一带一路"倡议的逐步推进将逐渐解决外商投资的区域不平衡问题。

### 4.投资规模化、系统化

与前几年不同的是，外商对华直接投资正在逐步由单一的、短期化模式转变为大规模、系统化模式，外商正在努力整合其在国内的合作企业，通过前向一体化、后向一体化等方式实现经营效益和投资收益的最大化。逐步加快和深入的改革开放为外资进入国内上市公司提供了必要的前提和基础。

### 5.外资控股并购力度加大

我国吸引外商直接投资主要有两种类型，即在东道国直接设立新企业的"绿地投资"和涉及两个以上国家的企业的合并与收购的"褐地投资"。20世纪90年代以来，伴随着跨国公司系统化对华投资的全面展开，外资对国有企业的并购活动逐步增加，外资的增资扩股趋势非常明显，我国曾经一度被汤姆逊财务公司评定为亚洲并购最为活跃的市场。

外资并购之所以成为国际资本进入我国市场的主要形式，主要是因为并购是跨国资本抢占我国市场的一种捷径，在一定程度上也是我国多年改革开放经验的积累。与过去那种耗时长、费力大的"中外合资"模式相比，外商直接对国内较为成熟的企业实施收购，可以缩短外商进入我国的适应期，迅速获取利润，如果外商投资国家鼓励的产业，该企业还可以获得政策等方面的支持而实现长足发展。在当前形势下，外商由参股变为控股已经成为一种趋势，收购的对象也由一般性企业转向效益较好的企业，从零散选择转向行业进攻，并购领域从饮料、化妆品、洗涤剂等行业陆续向橡胶、医药、啤酒、家电等行业扩张，甚至国家保护程度最高的电信、汽车、航空等行业也逐渐成为了外资并购的主要领域。这一方面反映出外资对我国经济改革所取得成就的肯定以及对我国经济改革走向的信心；另一方面值得我们注意的是，要充分而有效地利用这新一轮外商直接投资，实现国有企业的成功改革。

### （五）资本流动发生质变

随着我国越来越深层次地参与国际事务，我国企业的国际视野、国际经验和国际竞争力日益提高。我国的资本流动形势从单向的引进外资逐渐转变为引进外资与对外投资的双向的资本流动，且对外投资规模逐年扩大。

### （六）外贸依存度迅速减缓

国际贸易的发展是促进国家彼此间贸易往来的主要原因，无论哪个国家都离不开国际贸易。外贸也是国民经济的重要支柱，要想在国际贸易市场竞争中站稳脚跟，势必要强化自身优势，结合世界性的资源来占领世界市场份额。加入 WTO 的前五年，我国外贸规模逐渐发展壮大，外贸依存度也有了显著提升。从另外一个角度看，这也体现出了当时我国对国际市场的依赖程度在不断加深。2003 年我国外贸依存度首次超过 50%，达到 51.90%。2006 年达到 67%，较 2001 年提升 28.5 个百分点，此后平稳回落，但基本在 50%以上。到了 2012 年，我国外贸依存度为 45.20%，其中出口依存度为 23.90%，进口依存度为 21.20%。2017 年，我国外贸依存度降为 33.60%。2018 年上半年我国外贸依存度是 33.70%，其中出口依存度为 17.90%，进口依存度为 15.80%。由此可见，我国对外部需求的依赖程度正持续降低。

## 二、中国外贸的优势分析

### （一）外贸市场广，产品需求量大

有着 960 万平方公里的国土，10 多亿人口的中国，不论在外贸市场上，还是在人口数量上都在国际贸易市场中占有重要地位。领土广阔说明我国外贸市场广且具有很大的开发潜力，人口多意味着产品的需求量大，因此，我国是一个外贸大国。外国投资者普遍看好我国广阔的外贸市场，并积极与我国建立各种层次和类型的外贸关系。

### （二）劳动力资源丰富，劳动力成本相对较低

我国拥有丰富的劳动力资源，相对较低的劳动力成本带来了低价优势，

凭借这种优势，我国的产品以价格优势迅速占领国际市场。丰富的劳动力资源和低劳动力成本优势是当前也是以后在一定时期内我国发展外贸的重要优势。

### （三）经济体制优势

市场经济是世界经济的主导，随着我国综合国力的增强、社会的发展，我国建立了社会主义市场经济体制，实行政企分开。政府对经济的指导由行政管理为主转向了以经济手段和法律手段为主。企业由此直接面向市场，在市场竞争中不断地得到锻炼和发展。为促进企业的发展，我国还制定了鼓励企业"走出去"的外贸政策。

## 三、中国外贸面临的主要问题

### （一）中国外贸面临的内部问题

#### 1.劳动密集型产品占比仍偏高

我国工业制成品中具有高资本、高技术含量、高附加值的商品较少。以机电产品为例，从产品类别看，机电产品以电器、电子产品和机械设备出口为主，更多的偏重"三来一补"的加工贸易。我国只承担了高技术产品增值链条中附加价值较低的加工组装环节，加工过程短、程度浅。

#### 2.出口产品缺乏核心竞争力

高新技术产品出口的企业中以外商独资企业和中外合资企业为主，占2018年高新技术产品出口的65.3%，较上年下降3.9%，以私营为主的其他企业占高新技术产品出口额的27.6%，比上一年提高3.6%。高新技术产品贸易出口中的国有企业占比为7.1%，比上一年提高了0.3%。由于我国大力引进外资的一些优势政策，使得很多跨国公司选择在我国建立生产基地，但很多商品的核心技术仍掌握在外方手中。我国出口的产品有缺乏核心竞争力、附加值较低等问题。

### （二）中国外贸面临的外部问题

#### 1.国际贸易保护主义趋势明显

全球经济的下滑，也导致了各国失业率的迅速上升，各国对外贸的保护意识逐步提高。每个国家为保护本国的产业发展和提高就业率，纷纷出台了多样的外贸保护措施，这种外贸保护主义趋势的加强势必会减少我国外贸出口总量。

#### 2.国际金融市场动荡

自金融危机爆发以来，国际金融市场动荡不安。金融市场的动荡直接导致了国际货币汇率波动，同时也给各国带来了信用危机，也给我国在国际贸易中带来了履约风险和结算风险。此次金融危机，也使很多欧美发达国家的商业银行信用等级急剧下降，金融危机带来的压力也使某些信用开证行违约风险加剧。这类金融危机的冲击给海外客户带来了致命打击，为了应对金融危机带来的打击，海外客户必然会采取相应的措施来进一步转嫁风险。其中最常见的措施是违约拒付款和申请破产保护，此类措施会导致我国外贸产生海外坏账，最终的受害者还是我国企业。

综上所述，无论是金融危机时代还是平常年代，我国都必须要发展外贸市场，但不能只要规模。"走量不走质"并不是我国外贸强有力的武器，我们要从各方面认清外贸的形势，把握一切机会，发挥我国产品的优势，进一步增强我国外贸发展的信心。我们要学会冷静分析整体局势，充分了解局势的复杂性和不确定性，对外贸中每个存在的问题加强分析和了解。只有更好地完善自我，提高出口产品的质量，积极解决外贸发展中的长期结构性问题，才能推动我国成为贸易强国。

# 第二章　中国外贸结构研究

## 第一节　金融危机对中国
## 外贸的影响

随着我国改革开放进程的加深，国际市场资源不断涌入，很大程度上影响了中国市场的发展。美国等发达国家发生了次贷危机，产生的全球性的金融危机也必将威胁中国外贸。本节就金融危机对中国外贸的影响进行讨论，有助于我们反思过去，有助于企业进一步改革，有利于我国外贸结构的优化。

### 一、金融危机对中国外贸的影响

#### （一）出口量下降

出口对现阶段的中国经济发展而言，是至关重要的。欧美国家是中国出口的主要对象，欧美国家的经济危机对市场的冲击导致了中国出口量的下降。自中国改革开放、加入世界贸易组织以来，中国市场也逐渐被世界市场所接纳，中国也从世界经济高速发展中分了一杯羹，但世界经济金融危机发生后，中国的贸易增长速度逐渐降低，甚至在个别领域出现了负增长。

#### （二）小型企业面临困境

经济危机对企业尤其是小型企业的影响是巨大的。小型企业所面临的主要问题是融资困难。受金融危机的影响，银行给小型企业的信贷份额低，信用贷款总量不断下降，这也就造成了小型企业的融资困难。与此同时，随着劳动力成本的提高，小型企业的运营成本也在提升。这些因为经济金融危机带来的一系列不良影响，也就造成了小型企业面临困境，无法正常运营的尴尬局面。

### （三）失业率升高

受全球金融危机的影响，中国外贸小企业生存困难，一些企业相继破产和倒闭，这就造成了许多地区失业人数增加。金融危机直接或者间接造成了失业率增加，失业率不断地上升，造成的后果是不可估量的。据国际劳工组织的资料显示，在金融危机发生的短短几个月内，金融危机已经直接或间接影响到了 5 000 多万人的工作问题。按照中国人口在世界人口的占比，我国的失业人口有 1 200 万左右。

失业率升高不仅影响经济发展，还会影响社会安定。这个问题是不可忽视的，需要引起足够的重视。

## 二、应对方法

### （一）政府制定新政策

我国是一个贸易大国，众所周知我国的出口量较大。因此，面对金融危机产生的余波，我国应把对外贸发展的不利影响降到最低，制定新的贸易政策，结合国内外环境，采取强有力措施促进中国外贸经济的发展，使中国从金融危机的阴影中走出来，继续保持经济的高速、平稳发展。

在内需消费方面，要制定扩大内需的政策，刺激消费，改变现阶段我国固有的经济政策格局，让经济发展能够快速回到高速发展的正轨。提高内需的同时也应适当减轻外贸对中国经济的制约，缓解经济危机对我国经济的阻碍，使我国经济迎难而上，推动我国经济高速发展。对于克服经济危机，只靠提高内需是远远不够的，还应加大对出口企业的政策支持，具体方法有：

提高出口退税率，同时提升企业出口补贴；在进出口税收、外汇管理等方面，优先支持优秀企业等。这些方法对解决现阶段的问题是十分有效的，对现阶段的中国而言，继续坚持类似政策是不可缺少的。这样既提高了企业对国际市场的竞争力，也有助于世界经济复苏。

人民币的汇率问题也是应当得到重视的，保证人民币在国际上的竞争优势，降低金融危机通过汇率来影响中国对外贸易的风险。这项政策有助于提高人民币在国际货币中的地位，从而保证中国的经济地位。

### （二）企业应坚持开放的营销策略

开放的营销策略大致分为两种，一种是有限开放型营销策略，另一种是完全开放型营销策略，这两种策略都有助于缓解经济危机带来的影响。接下来详细介绍两种策略的具体表现方式和影响。

有限开放型营销策略是指企业以许可证的方式，有选择地向部分授权对象开放标准，并针对不同的授权对象采用不同的价格策略。这种策略的好处是相对于竞争者而言，具有一定的成本优势，从而有效保有市场份额。有限开放型营销策略也就意味着有限的开放、有限的合作。通过有限的合作，企业既能提高在竞争中的优势，又能防止技术泄密。

完全开放型营销策略是指采用统一标准的策略，开拓市场，通过快速增加庞大的用户数量来提高竞争力。完全开放型营销策略采用合适的方式获取市场规模化所带来的丰厚利润，补偿技术标准开发中的成本，这也就要求企业有坚强的开发团队做后盾，以在保护自身技术同时，避免竞争对手盗取劳动成果。

综上所述，在国际金融危机的影响下，我国出口贸易受到了一定的影响，我国出口贸易相对欧美国家来说受到的冲击较小，但还是会制约我国的经济发展。如要使我国经济更好地追赶发达国家，必须不断对国际经济问题进行研究，使我国出口贸易保持较高水平的发展。

# 第二节  供给侧结构性
# 改革与外贸经济

供给侧结构性改革的目的是去过剩产能，发展高端产能，使我国的经济向着自主、科学、创新、环保、低耗等方向发展。自供给侧结构性改革实施以来，各个行业的企业都出现了降本增效的良好态势，外贸行业也不例外。外贸行业是一个特殊的行业，其面临的市场环境要复杂得多。供给侧结构性改革促进了外贸企业走向强身健体、打实根基的道路，以优质的产品和创新的经营模式赢得了一大批忠实的市场。对此，本节将就供给侧结构性改革对外贸经济的影响进行详细地分析，并结合当前的国际环境提出几点建议，以期研究结论能推动我国外贸经济的发展。

长期以来，我国外贸企业都以游击的模式单打独斗。甚至出现过国人远赴日本抢购马桶盖，结果发现产地是"家门口"的事，这也警醒了国人，中国缺乏响当当的世界品牌，这也是我国外贸企业急需思考的问题。外贸企业数量较多，质量却缺乏高峰，产能过剩走的是内耗之路，而外贸企业要走可持续发展道路必须进行供给侧结构性改革。供给侧结构性改革进入外贸领域必将有效解决外贸企业发展的这些弊端，推动外贸企业成为具有知识产权和创新能力的品牌企业，为外贸经济的稳定发展打下坚实的基础。

## 一、供给侧结构性改革对外贸经济的影响

### （一）促进一般贸易做大做强

从方式来分，贸易可分为加工贸易、一般贸易和海关特殊监管区域贸易。加工贸易是由过去的代工贸易发展而来的，主要根据外需进行低端产品的加工，这种贸易随着中国劳动力成本的增加开始向东南亚转移。一般贸易则

是外贸企业根据市场需求生产相关产品，比如纺织品、玩具、电子产品等。一般贸易背后依靠的是竞争力，长期以来我国的一般贸易都是逆差。随着我国供给侧改革在外贸领域的试行，以及科学发展观、低碳发展等理念的提出，近几年我国的一般贸易开始出现顺差，并呈现出快速增长趋势，这表明我国的一般贸易竞争力在不断增强。供给侧结构性改革强调一般贸易要从山寨、低端上升到品牌、知识产权和渠道自有，这种经营理念是企业可持续发展的必由之路，从贸易由逆差转向顺差就可以看出供给侧结构性改革正在促进一般贸易由"游击队"向"正规军"发展，逐步做大做强。

### （二）帮助中小外贸企业成功转型

我国各行各业都面临着同样一个问题，即缺乏能在世界站稳脚跟的响当当的品牌企业，并且外贸企业零散、低端现象更为突出。沿海地区良好的经济环境、教育环境、思想理念等，使得沿海地区的人们具有较强的创业勇气，但部分服装、电子、玩具、鞋帽等领域的外贸企业都是家庭式作坊、中小企业，这些家庭式作坊和中小企业使得这些领域资源浪费、产品过剩，而这些家庭式作坊和中小企业在面对转型升级时，却面临诸多问题，如缺技术、品牌、渠道、资金、经验、能力、人才等。供给侧结构性改革为外贸领域的发展提供了诸多优惠和扶持政策，如"扶持新业态试点政策""加强财税和金融支持政策""落实加工贸易梯度转移差异化政策"等。这些政策帮助中小外贸企业零费用培养企业人才等，使得外贸领域的中小外贸企业正逐步走向转型成功之路。

### （三）推动外贸经济呈现利好趋势

据有关报道可知，供给侧结构性改革至今，我国的外贸经济持续保持着向好走势，进出口总值实现大幅度增长，贸易结构持续改善，发展新动能不断积累，外贸发展质量与效益得到提高。而从人民币汇率的波动情况来看，尽管人民币汇率双向波动幅度加大，人民币从 2015 年下半年以来开始持续不断地大幅度贬值，且还具有一定的贬值空间，这种汇率前期贬值的累积效应有利于降低出口产品的国际价格,有利于我国外贸企业加大出口额。同时,据海关总署数据统计,截至 2017 年 5 月份,我国的外贸出口已经连续 7 个月保持良好态势。据外贸领域的相关调查数据可以看出,我国新增出口订单等都得到了不同程度的提升,这表明我国外贸规模在不断地扩大,外贸经济在供给侧结构性改革下正呈现出利好趋势。

## 二、供给侧结构性改革下外贸经济的发展方向

### (一)国际环境风云变幻,外贸市场仍需巩固

当前国际环境复杂多变,美国、日本、欧元区的采购经理指数(purchasing managers' index, PMI)不断创新高,俄罗斯、印度的经济也正在复苏,英国"脱欧"等。面对这一系列影响重大的国际形势,我们要对我国的外贸形势保持警惕,但也要保持乐观的态度。我国的外贸经济还需要不断针对国际政治、经济等形势,及时做好重点应急预案,巩固自身外贸领域的发展成果。外贸领域的发展和投资与国际形势紧密相连,在后期的发展中,要高度重视对外投资,在充分分析投资的环境、可行性和各种风险后,再谨慎决策是否投资。同时将我国的产能过剩行业或企业向海外逐步转移,将双边贸易顺逆差保持在安全线范围以内。

### (二)构建外贸电商平台,强化跨境电子商务发展

电子商务是新时期的商务,国内电子商务发展迅速,跨境电子商务的发展也不能落后。电子商务为企业带来的良好发展前景毋庸质疑,利用电子商务能够帮助企业不断地打开海外市场,培育更多忠实的消费用户。因此,在供给侧结构性改革背景下,政府及相关单位应该加快法律法规或政策的出台,积极鼓励外贸领域企业加快建设跨境电子商务平台的步伐,积极摸索出新型外贸产业电子商务联盟发展模式,以电子商务为平台,构建完善的外贸企业境外销售、物流、支付、仓储、售后等一系列体系,使得跨境电子商务

的发展能够具备充足的硬件支持。这有利于跨境电子商务能够在保证质量和服务的情况下走可持续发展之路。

### （三）大力扶持品牌企业，培育外贸新的增长点

品牌企业对于国家和整个行业都具有不可忽视的重要意义。品牌意味着质量和信赖，意味着拥有一大批忠实的消费者。长期以来，我国在品牌企业建设方面的重视力度不够。在供给侧结构性改革的背景下，相关部门应大力扶持品牌企业的成长，对我国目前在智能家电领域、高铁动车领域、通信领域、核电机组领域等已经做出良好成绩的企业进行重点培养，将这些领域的龙头企业作为我国未来产品贸易出口重点单位，通过政策引导、财税支持和创新补贴等措施，帮助企业不断精益求精，在保证产品质量的同时，还能与时俱进地创新产品功能，推动这些企业成为行业内的领头羊。

综上所述，供给侧结构性改革的宗旨是淘汰落后产能，强化先进产能，使我国的经济发展走向自主、创新、科技、环保、品牌、拥有知识产权的发展路径。传统的外贸经济零散、低端、高耗能，是建立在劳动密集型和资源消耗型基础之上的经济发展之路。我国外贸企业长期以来都未形成响当当的大型品牌，供给侧结构性改革有利于改变我国外贸领域的现状，有利于推动代工外贸逐步向东南亚劳动力成本较低的地区转移，使一般贸易由"游击模式"走向"正规军模式"，有利于中小外贸企业也在政策的扶持下成功转型。品牌的建立、质量的保障、内外一体化发展，才是我国外贸经济在风云变幻的国际环境中保持稳而不倒和可持续发展的必要条件。

# 第三节　低碳经济
# 与中国外贸结构

## 一、低碳约束下中国对外贸易结构调整的困境

在当前的社会经济发展模式下，中国外贸结构要向低碳经济倡导的低能耗、低污染、低排放和高附加值方向进行调整，这就将不得不面临失去低成本优势、贸易条件恶化和贸易规模受限等诸多困境。

### （一）出口产品要素成本增加，低成本优势逐渐消失

中国出口产品主要以一般消费品为主，如食品、服装、家用电器和玩具等，以低要素成本和低技术附加值为特征，资源消耗率和环境污染度相对较高，依靠低成本优势获取一定的市场份额。在低碳经济发展趋势下，碳要素已然成为生产要素的重要一部分，控制碳排放量的要求与日俱增，这就要求中国出口企业必须在加强环境保护和减少碳排放量上加大投入，产品的环境要素成本因而大大增加。许多中国产品在技术、知识和资本含量方面在国际市场上竞争优势不大，而一直依赖的低成本比较优势又因环境要素被大幅度弱化。这就意味着，一段时间内中国出口产品在价格和质量上竞争力不强，不仅难以打开新市场，而且保住原有的市场份额也将面临较大困难。

### （二）出口产品市场准入门槛增高，不利于改善贸易条件

美国和日本等发达经济体的生产技术和资源利用效率在工业化时代得到了充分积累，新能源、新材料、新技术的研发与应用在国际上拥有绝对主导权，基于自身发展水平和环境保护的要求，这些经济体在国际贸易中非常注重节能减排。现阶段世界不少经济体已经建立起碳排放交易体系、碳定价

机制，而且还引导了国际贸易规则的演化，引导消费者选用具有碳标签的产品。发达经济体遭受金融危机重创后，经济发展处于低迷之中，他们更加积极推行与低碳相关的各种贸易措施，试图以环境保护为借口提高市场准入门槛。中国出口产品的环保水平在世界上处于较低位置，生产加工过程碳排放量较高，很容易受到各种各样的技术法规、环境标准和认证制度的限制，而要跨过发达经济体设置的高门槛，中国企业要么增加有关环境保护的检验、测试、认证等相关费用，要么花高价引进发达经济体开发的与新能源和环保相关的技术和设备，最后还要通过降低产品价格挤进国外市场，这就在很大程度上削弱了中国产品的国际竞争力。

（三）出口产品的关税壁垒提高，贸易规模化发展受制约

随着低碳经济的发展，越来越多的与碳排放相关的贸易制度出现。针对排放密集型的产品，有些国家会征收特别的二氧化碳排放税。碳关税的征收对象主要集中在机电产品、钢铁制品、电解铝等高碳产品，这些产品在中国出口产品中占有较大份额，而且主要流向美国、日本等发达经济体。世界银行的研究报告指出，如果碳关税全面实施，"中国制造"可能将面对平均26%的关税，出口量因此可能下滑21%。低碳约束迫使中国出口企业花费大量的人力、财力、物力去满足新的技术指标，这不仅会导致中国出口贸易总量的降低，也会给外贸企业带来更大负担。外贸企业难以在短时间内完成技术升级和提高资源利用效率，为了维持出口量就只能降低对人力资本的投入，这会给中国外贸和经济发展带来更大的负面效应。

# 二、低碳约束下中国外贸结构调整建议

综合上述分析可以看出，在未来低碳经济发展的新一轮浪潮下，中国现有的外贸结构将面临严峻挑战。我国企业应积极进行结构调整，尽快走上可持续发展的低碳道路。

（一）摆脱对贸易规模的片面追求，加强对贸易质量和出口效益的约束

在国内和国际节能减排双重压力的低碳经济背景下，要采取措施优化出口结构，鼓励能效较高、科技含量较高的产品出口，限制资源类、能源耗费密集型等产业产品的出口。同时，还应尽快摆脱过去将出口数量作为衡量外贸业绩高低的旧观念，重视对出口产品质量和出口效益的考核。随着中国对外贸易发展的逐步恢复，政府针对环境污染和能源耗费密集型加工企业应采取一些政策措施，如降低出口退税率、征收污染排放税等，这会对优化出口结构具有重要影响。

（二）积极发展一般贸易，加快自主技术创新

针对发展中国家在低碳经济发展过程中可能遭遇的困难，联合国制定的气候变化框架公约中规定了发达国家应向发展中国家提供资金和技术，帮助发展中国家应对气候变化。但事实上，国家间的竞争注定公约的执行可能不顺畅，发达国家竭力倡导发展低碳经济的真实意图是通过利用低碳经济发展机遇抢占在新一轮国际分工中的主导地位，据此获取利益。因而，中国发展低碳经济不能只寄希望于国际技术援助，还应立足自身，加快自主技术创新。同时，要顺应低碳经济发展趋势，推动以加工贸易为主的贸易方式向以一般贸易为主的方向转变。其中，民营中小企业在一般贸易发展中起着重要作用，政府应在金融政策和发展环境上对其进行全面扶持和帮助，使其尽快成长为中国技术研发和创新的生力军。

（三）努力拓展新兴贸易和投资市场

面对关于碳关税、碳标签等贸易规则的约束，中国出口企业应该清醒地认识到，低碳技术在短时间内无法完成突破，短期内无法躲避来自发达经济体的以环境保护为名的贸易限制，必须努力拓展新兴贸易和投资市场，降低对发达经济体的依赖。中国可根据地缘特点，通过深化建设中国-东盟自由贸易区、推动大湄公河次区域的贸易与投资合作等，努力拓展东亚市场，寻

求更大贸易投资空间。新兴经济体内部市场较大，因自身技术水平不高对低碳技术的要求相对较低，因而，开拓这种类型的市场可以在一定程度上减缓欧美市场的低碳技术标准给我国外贸发展带来的巨大压力。

（四）开展对话，合理应对低碳挑战

中国所处的发展阶段决定了其在全球产业分工链条中的地位，跨国公司首先将国内高排放和高污染的淘汰产业向中国进行生产投资转移，然后再通过从中国进口的方式获得国内消费所需产品，因而，中国出口的机电、建材、化工、塑料制品等高碳排放产品，起因于发达经济体内部市场的需求拉动。客观而言，在贸易天平两边，仅将碳排放砝码压在出口方而免除进口方的责任是不公平、不合理的。中国在积极探索低碳技术创新和发展低碳经济模式的同时，也应正视自身发展水平，积极与发达经济体开展对话，阐明环境保护的责任应由供应方和消费方共同承担的坚定立场，努力提高自己在低碳贸易规则制定上的话语权，合理应对发达经济体以低碳经济为幌子对中国贸易进行的打压。

# 第四节　动态比较优势
# 与中国外贸结构

随着我国对外开放程度的不断加深，我国对外贸易额逐年增长，远超过同期国内生产总值（Gross Domestic Product, GDP）年均增长幅度，在世界贸易中所处地位不断上升，已成为仅次于美国的世界第二大经济体。但同时我们也应看到我国贸易结构存在许多问题，离贸易强国还有很大差距。面对我国对外贸易"大"而"不强"的客观事实，我们不应该满足于庞大的进出口总额，而应注重贸易结构，贸易结构是更为重要的指标，它综合反映了一国或地区经济技术发展水平、产业结构状况、商品国际竞争力、在国际分工和国际贸易中的地位等指标。

中国的贸易大国特征主要表现在劳动密集型商品的出口贸易上，而在资本、技术密集型商品的出口贸易上，中国仍具有"贸易小国"的典型特征。出口产品中高附加值产品所占比例不高，加工贸易在华价值链不长，出口环境日趋严峻。上述结构问题已经成为目前困扰中国对外贸易发展的突出性问题。本节对我国外贸结构进行实证分析，并基于动态比较优势理论提出相应的对策。

# 一、动态比较优势理论

动态比较优势是指比较优势可以通过专业化学习、投资创新及经验积累等后天因素人为地创造出来，强调的是规模报酬递增、不完全竞争、技术创新和经验积累。主要表现在以下两个方面。

第一，规模经济导致的专业化分工使资本与知识不断积累。由于各国间生产要素积累的速度存在差异，比较优势会出现动态变化。保罗·克鲁格曼（Paul R. Krugman）认为，若劳动资源密集的国家中资本要素的积累快于劳动要素的积累，则其生产的同种商品中资本密集度提高；如果资本要素快速积累的趋势持续下去，该国就将逐步退出原先劳动密集程度高的国际分工，转而集中生产资本密集程度较高的产品。

第二，把技术作为比较优势的内生变量。根据美国经济学家弗农（Vernon Raymond）等人提出的产品生命周期贸易论，当一国在技术领先时，成本对贸易流的走向没有太大的影响，只有当技术外溢后，技术差别在国际间消失，技术领先国失去技术领先地位时，成本的差别才会决定贸易走向与结构。新产品的国际贸易模式之所以表现出上述变化，是因为不同类型的国家在产品生命周期各个阶段的比较优势不一样。而比较优势不一样，又是与新产品生命周期各个阶段产品的要素密集度不一致相联系的。创新国技术力量相当雄厚，生产技术密集型的新产品具有比较优势；发达国家资本丰裕，且拥有相对丰富的科学和工程实践经验，生产产品生命周期第一、第二阶段的资本密集型成熟产品具有相对优势；发展中国家有相对丰富的熟练劳动力，弥补了相对缺乏的资本不足，因此生产成熟标准化产品具有优势。

不难看出，国家能够学习和掌握产品的制造技术，比较优势会在国际间发生转移。由于技术创新的存在，处于产品生命周期不同阶段的国家均可能成为某一产品的领先者，因此技术外溢过程是各阶段国家提升比较优势的一个动态过程。动态比较优势忽略要素积累存量的作用，更为重视的是生产要素积累的增量，强调增量可以改变一国现有的比较优势及参与国际分工的层次，为后起国家追赶发达国家提供理论基础。在动态比较优势理论中，技术作为一个内生变量，也同样对比较优势有着巨大的影响。因此，怎样把要素积累增量和技术结合起来，也就是说采取何种贸易政策，对一个国家从改变其国际分工地位到优化贸易结构至关重要。

# 二、我国外贸结构的实证分析

## （一）出口商品结构分析

出口商品结构是衡量一国对外贸易结构状况的重要依据。按照国际贸易标准分类和附加值的高低。出口商品的构成可以分为两个大类，即初级产品和工业制成品。初级产品附加值低，在国际市场上的竞争力弱，是粗放式的外贸增长方式，国内产业结构水平较低时所占比重较大。相比而言，工业制成品附加值高，竞争能力强，较高水平的集约型外贸增长方式和国内产业结构多以工业制成品的出口为主。

我国对外贸易出口商品结构呈现出以下特征：工业制成品出口的绝对值与初级产品相比迅速增长，工业制成品逐渐成为出口主导产品。改革开放以来，随着我国工业生产的增长和技术进步，工业制成品出口有了长足发展，中国出口产业结构呈现不断优化的演进趋势。总的来说，随着我国工业化程度的提高，我国出口商品结构不断改善，呈良好发展态势。

## （二）进口商品结构分析

工业制品进口呈稳步上升趋势。我国进口商品结构一直以工业制成品为主，以初级产品为辅。我国矿物燃料等进口比重的逐年上升，意味着我国在这方面的资源相对匮乏，我国在推进工业化进程中，经济结构得到调整，重化工业对矿物燃料等资源的需求也必将随之大量增加。因为，轻纺型劳动密集型的传统产业对自然资源的依赖程度较低，而重化工业是资本和技术密集型的，对自然资源的依赖程度较高。中国进口商品结构中，原材料和中间产品的进口比重相对比较稳定，基本保持在 20%左右的水平，但近年来这一比重有下降的趋势，资本-技术密集型产品的进口比重呈上升趋势，并成为进口的主导产品。这种变动趋势表明中国一般加工业的国产化能力正在逐渐提高。随着国内产业结构的不断升级，中国对国外先进技术和成套设备的需求日益增加。

# 第三章　中国外贸体制改革的
# 理论研究

## 第一节　中国外贸体制的变化

外贸体制是指外贸的组织形式、机构设置、管理权限、经营分工和利益分配等方面的制度。它是经济体制的重要组成部分，同国民经济的其他组成部分有着密切的联系。我国外贸体制的建立经历了一个漫长的发展过程，从商品经济的初级阶段到商品经济的高级阶段，从原有计划经济时代到由市场调控的市场经济时代，它在不同时期有着不同的表现形式。

### 一、社会主义改造完成后的收购制

1929—1933 年的资本主义经济危机波及了全世界。整个资本主义世界的工业生产下降了 33%以上，外贸额则减少了约 67%。其中美国和德国最为典型，受损最大，美国的进出口额下降了 70%，英、法、德、日也都减少了 50%左右，且危机之后各国经济的恢复举步维艰，对我国也造成了一定影响。直到 1953 年，我国的国民经济才得到初步恢复，在此期间，党中央提出了一条"社会主义工业化"和"对农业、对手工业和对资本主义工商业的社会主义改造"的过渡时期的总路线。1956 年，社会主义改造基本完成。当时的国际国内背景促使我国对外贸问题进行思考与改革，即逐步取消调拨制，采取收购制。

所谓收购制，是指外贸企业根据国家计划和国际市场供求状况向国内生产企业收购产品并组织出口的一种制度。这种制度相对于调拨制来说有三大优点：一是外贸企业拥有部分主动选择货源的权力。货源是使外贸出口成为可能的最重要的物质基础，外贸企业拥有选择权后就可以选择口碑好、信誉高、专业经验丰富的生产企业作为货源，以保证企业的正常有效运转。二是外贸企业拥有部分选择经营方式的权力。实行收购制后，外贸企业可以采取直接收购、代理出口与收购并重、安排生产与收购并举等经营方式，提高经济效益。三是外贸企业的服务态度和服务质量都得到了提高。外贸企业要想保住货源，就必须有热情的态度和优质的服务，要和供货部门多交流，并主动在资金、管理、技术等各方面为其排忧解难。事实证明，调拨制转为收购制后，外贸企业发展得更好了，但同时也出现了一些弊端，如生产企业与外贸企业的主客体倒置引起了责、权、利的不统一，挫伤了生产企业出口创汇的积极性。随着我国生产力水平的进一步提高和经济体制的改革，收购制已逐渐不适合我国外贸经济发展的需要，但其也为我国外贸出口代理制的形成奠定了基础。

## 二、20 世纪中后期的审批外贸代理制

外贸代理制是市场经济不断发展与完善的产物。它的本质是用政府的管理行为代替企业的经营行为；它的特色是充分体现社会分工的意义；它的优越性是能够合理配置资源、降低生产与销售成本、提高企业竞争力。外贸代理制最先在西方（如美国、德国等）兴起并得到很好的发展。据统计，美国工业制成品的 50% 是通过中间商代理出口的，德国也有 30% 的外贸是通过代理公司进行的。这些数据表明，在发达国家采用外贸代理的方式为外贸经济带来了高效发展。

20 世纪中后期，我国开始着手经济体制改革。1993 年 11 月，在中国共产党十四届三中全会上通过的《中共中央关于建立社会主义市场经济体制

若干问题的决定》中规定了我国社会主义市场经济体制的基本框架,指出了我国国有企业改革的基本方向,成为我国在 20 世纪 90 年代推进经济体制改革的行动纲领。而我国外贸体制改革始于 1984 年,那一年对外经济贸易部在《关于外贸体制改革意见的报告》中提出了采取具有我国特色的进出口代理制。1991 年,国家对外经济贸易部发布了《关于外贸代理制的暂行规定》,对外贸代理制的基本内涵作出了明确界定。1994 年,国家颁布的《中华人民共和国对外贸易法》第一章第十二条规定"对外贸易经营者可以接受他人的委托,在经营范围内代为办理对外贸易业务。"从 1984 年到 2004 年 7 月,这个时期我国的外贸代理制常用的代理方式是先由代理人(有外贸经营权的企业)和被代理人(没有外贸经营权的组织或个人)签订委托代理协议,代理人再以自己的名义对外签订合同,并直接承担法律后果。而一个企业的外贸经营权,是由政府根据当时的政策及其他因素对其进行审批后确定的。因此,这种代理关系在很大程度上体现出国家的行政行为,而不是单纯的经济行为。随着时间的推移,我国的生产力水平也在不断提高,这种审批外贸代理制的弊端不断显露,如与效益最大化原则背道而驰、不利于建立健全竞争机制等。因此,我国需要一种更具生命力的新型外贸体制来取代审批外贸代理制。

## 三、21 世纪新型的登记外贸代理制

2001 年 12 月 11 日,我国正式加入了 WTO。加入 WTO 后,我国外贸发展速度惊人,我国的外贸环境也随之发生了翻天覆地的变化,我国亟须建立完善的外贸制度。

2004 年 7 月 1 日,《中华人民共和国对外贸易法》(以下简称《外贸法》)应运而生。与时俱进的《外贸法》充分考虑了我国加入 WTO 时签署的《中华人民共和国加入议定书》第五条中的"除本议定书另有规定外,对于所有外国个人和企业,包括未在我国投资或注册的外国个人和企业,在贸

易权方面应给予其不低于给予在我国的企业的待遇"的承诺,在划定外贸经营者的范围时一改1994年的《外贸法》第二章第八条"本法所称对外贸易经营者,是指依照本法规定从事对外贸易经营活动的法人和其他组织"的规定,特别强调"本法所称对外贸易经营者,是指依法办理工商登记或者其他执业手续,依照本法和其他有关法律、行政法规的规定从事对外贸易经营活动的法人、其他组织或者个人"。这就首次以法律的形式明确规定了自然人也属于对外贸易的经营主体,这是真正意义上的,在市场经济条件下能与国际接轨的外贸代理制度。国家彻底下放了外贸经营权,打破了外贸垄断。由此我国的审批外贸代理制暂时告一段落,开始实行新型的登记外贸代理制。外贸经营权的下放为我国外贸经济的高速发展注入了新的动力。登记外贸代理制是一个履行我国承诺,遵循世贸组织规则,并将其转化为我国国内法律的重大举措;它是一种体现自由竞争,符合市场经济发展内在要求和市场经济发展规律的外贸体制。在该体制下,外贸企业开始优化自己的外贸代理服务,增加自身外贸代理的竞争优势,迎接一个又一个自由竞争和淘汰的挑战,最后树立起自己的品牌。这样更多专业化的有国际竞争实力的外贸企业将不断形成,这非常有利于我国外贸代理企业在国际竞争中的发展,我国的外贸代理制也将实现一个质的飞跃,这具有非常重要的现实意义。

# 第二节　中国外贸体制改革历程

科学发展观指出,改革是发展的动力,也是实现科学发展的重要保证。纵观改革开放的40多年,我国外贸体制历经了简政放权、实行承包制、符合国际贸易规范、自由化外贸体制的改革阶段。这不仅适应了新形势的发展要求,更好地发挥了"经济增长发动机"的效应,而且保证了国民经济朝着科学、健康、持续的方向发展。

1949 年 9 月《中国人民政治协商会议共同纲领》确立了我国外贸的基本政策是国家统制，即外贸由国家统一领导、统一计划、统一经营和统一管理，以保护国家和人民的利益。外贸国家统制是在产品经济和单一计划经济的基础上建立和发展起来的，其特点主要有：①管理体制方面实行中央人民政府对外贸易部外贸专业总公司直接领导下的统一管理，行政管理与业务经营合为一体，导致了政企不分，企业缺乏自主性；②经营体制方面实行产销脱节、集中经营的方式，即全国的外贸活动由各对外贸易公司统一经营，统一与外商签约、谈判和履约，而用货单位（进口方面）和生产单位（出口方面）不与外商签订合同，不发生实质性联系，这造成了外贸专业总公司独家经营，生产与销售脱节的局面；③计划体制方面实行全国单一的直接计划管理体制，包括外贸收购、调拨、进口、出口、外汇收支以及其他各项计划的编制、下达和执行，这一体制是原有外贸体制的核心，计划管理与行政命令是国家管理和控制外贸的主要手段；④财务体制方面实行国家统收统支的财务体制，即外贸公司按国家计划从事进出口的盈亏由国家财政平衡，它是原有外贸体制赖以维持和运转的基本支柱。

1978 年 12 月党的十一届三中全会决定党的工作中心重点转移到社会主义现代化建设上来，我国由此进入了一个新的历史发展时期。与此同时，外贸国家统制的弊端日益显现，外贸体制改革势在必行。

# 一、简政放权时期（1979—1987 年）

这一阶段，我国外贸体制改革的方向是改革高度集中的经营体制和单一的指令性计划管理体制。其措施主要有：

## （一）下放外贸经营权，打破垄断

第一，分散经营。首先，国务院有关部委经批准成立了一批进出口公司，从事该部门产品的外贸。其次，扩大地方的外贸经营权。1979 年中央为广东、福建两省制定了灵活的经贸政策：其产品除个别品种外，全部由省外贸公司自营出口。后来此项政策又扩大到了北京、天津、上海、辽宁等。第二，一些大中型生产企业被批准经营本企业的出口业务和生产所需的进口业务。第三，改革开放引进的"三资企业"（在中国境内设立的中外合资经营企业、中外合作经营企业、外商独资经营企业）也拥有本企业产品出口和有关原材料进口的经营权。第四，外贸专业公司成立了海外外贸机构，进行市场调查，拓宽销售渠道。

（二）开展工贸结合，密切产销关系

工贸结合就是工业企业和外贸企业的结合，由工业企业和外贸企业共同投资、共同派人，联合组建、共同经营。在进出口方面密切配合、互相协作、合理分工、各有侧重，充分发挥工贸双方各自的优势。针对长期以来工贸分家、产销脱节造成的一系列问题，我国开展了多种形式的工贸结合的试点，负责专门产品的生产和外销。

（三）简化外贸计划内容，注意发挥市场调节作用

1985 年起，对外贸易部不再编制和下达原计划经济体制下进出口的两大核心计划——出口收购计划和进口调拨计划，继而实行指令性计划、指导性计划和市场调节三种管理形式。

上述改革虽然取得了一定的成效，但外贸体制中统收统支的财务体制、政企不分的管理体制等一些根本性问题尚未解决，仍需进一步调整和改革。

## 二、全面推行和完善外贸承包经营责任制阶段（1988—1993 年）

1987 年对外经济贸易部对所属外贸专业总公司实行外贸承包经营责任

制。1988 年 2 月，国务院发布了《关于加快和深化对外贸易体制若干问题的规定》，其中心内容是全面推行外贸承包经营责任制，在中央定额补贴的基础上，各外贸专业总公司、各工贸总公司及各地方政府分别向中央政府承包出口收汇、上缴外汇和经济效益指标，承包指标一定三年不变。承包指标层层分解到外贸经营企业和出口生产企业中，盈亏由各单位负责。在轻工业、工艺行业、服装行业，国家取消出口补贴，全面实行自负盈亏。1990 年 12 月 9 日，国务院发布了《关于进一步改革和完善对外贸易体制若干问题的决定》，其改革的中心是建立外贸企业自负盈亏的机制。在 1991—1993 年新一轮出口承包经营责任制实施期间，国家于 1991 年取消了出口的财政补贴。1994 年，国家取消了进口的财政补贴。

为了落实外贸承包经营责任制，兼顾国家、企业和个人的利益，国家还推行了一系列的改革，如放宽外汇管制。1988 年，国家允许地方部门和企业分得的留成外汇按国家规定自主支配和使用，并可在外汇调剂市场买卖外汇。同时，在 1991—1993 年中，国家在外汇留成比例中增加了外贸企业留成比例，使外贸企业有条件实现自负盈亏；取消了原有使用外汇控制指标，凡地方、部门和企业按规定取得的留成外汇允许自由使用，并放开外汇调剂市场。又如，从 1988 年开始，我国实行彻底的出口退税政策，增强了我国出口产品的竞争力和企业的盈利能力。

外贸承包经营责任制使我国的外贸体制在自负盈亏方面取得了突破性进展，打破了原有的财务体制，使企业逐步成为自主经营、自负盈亏、自我约束、自我发展的主体。但我国外贸体制仍然有许多方面不符合国际贸易规范，不适应市场经济发展的要求，这说明外贸承包经营责任制只是改革的过渡模式。

# 三、符合国际贸易规范阶段（1994—2001 年）

1993 年中国共产党十四届三中全会提出我国外贸体制改革的目标是

"统一政策、放开经营、平等竞争、自负盈亏、工贸结合、推行代理制，建立适应国际经济通行规则的运行机制"，这为我国社会主义市场经济体制下的外贸体制改革指明了方向。

### （一）深化外贸管理体制改革

首先，强化经济调控手段。如在 1994 年 1 月 1 日起实行以市场供求为基础的、单一的、有管理的浮动汇率制度，取消现行的各类外汇留成；取消出口企业外汇上缴和额度管理制度，实行银行售汇制，实行人民币在经常项目下的有条件兑换，并于 1996 年 12 月实现人民币在经常项目下可兑换；取消了外贸承包经营责任制；进一步降低进口关税；改革税制，建立与国际惯例接轨的现代增值税制度，完善出口退税制度；实行有利的出口信贷政策，于 1994 年成立政策性银行——中国进出口银行。

其次，加强外贸立法，完善立法手段。1994 年出台的《中华人民共和国对外贸易法》标志着我国外贸的发展开始进入法治化轨道。

最后，改革行政手段。放宽生产企业经营外贸审批标准；逐步放开两纱两布、蚕丝、茶叶等商品经营的范围；按国际经济通行规则，减少行政审批和数量限制措施，完善配额、许可证等行政管理手段。

### （二）深化外贸经营体制改革

建立产权清晰、权责明确、政企分开、管理科学的企业制度，并实行股份制改革。同时，转换企业经营机制，从单纯追求创汇数额转向重视效益，从分散经营转向规模经营，鼓励大型外贸企业走实业化、集团化、国际化道路。

### （三）建立健全外贸协调服务机制

充分发挥进出口商会在外贸经营活动中的协调指导、咨询和纽带作用，发挥研究咨询机构和学会、协会的信息指导和服务功能，完善金融、保险、运输等配套体系。

总之，这一时期的改革使我国外贸体制在建立适应社会主义市场经济发展的、符合国际贸易规范的基础上上了一个新台阶，有力地推动了我国外贸的健康和持续发展。但此时我国外贸经营权仍然实行审批制，我国的自然人不能够从事外贸经营活动等内容，这并不符合我国加入 WTO 的承诺和 WTO 的规则，也不符合国际贸易自由化的发展趋势。

# 四、有管理的自由外贸阶段（2002 年至今）

加入 WTO 后，我国外贸体制改革主要是围绕加入 WTO 的承诺和我国外贸发展中的新变化进行的，并朝着自由化的方向发展。

## （一）改革机构设置

为适应内外贸易业务相互融合的发展趋势和加入 WTO 后的新形势，国务院于 2003 年 3 月组建了中华人民共和国商务部（以下简称商务部）。

## （二）修订外贸基本法

2004 年 7 月 1 日新修订的《外贸法》正式实施。新法规定我国的自然人也可经营外贸，外贸经营权由审批制改为备案登记制，同时新修订法增加了进出口经营秩序、扶持和促进中小企业开展外贸、建立公共信息服务体系、外贸调查、外贸救济等内容。新修订法表明我国外贸进入了外贸自由化的新阶段。

## （三）改革汇率制度，加强经济调控

自 2005 年 7 月 21 日起，我国开始实行以市场供求为基础、参考一篮子货币进行调节、有管理的浮动汇率制度。此外，我国还积极履行承诺，完善配额、许可证管理制度，降低关税总水平，扩大服务外贸领域、放宽市场准入条件等。

这一阶段改革的最明显特征就是，我国的外贸体制已经与国际贸易体制接轨，发展已经同步，改革的动力由单纯的内生或者外生转变为内外协调。

综上所述，我国外贸体制改革与其他体制改革一样，改革的目标是从无到有，从模糊到清晰，从缓解内外部压力的不自觉或"摸着石头过河"到向以 WTO 制度框架为核心的国际规范主动靠拢，这中间经历了一个先易后难、先表象后实质的渐进过程。我国外贸体制改革的路径是朝着外贸自由化的方向发展；改革的基础是向社会主义市场经济转变；改革的内容主要是政府对外贸干预的方式和力度；改革的次序，即第一步是松弛计划，取而代之的是非关税手段，第二步是将非关税手段转化为关税手段，然后降低关税水平。这一过程既具有我国特色，又符合国际上外贸体制的发展进程。

我国外贸体制的改革促使我国外贸发展取得了辉煌的成就，进出口总额由 1978 年的 355 亿元发展到 2020 年的 32.16 万亿元。我国对世界经济的良性影响也逐渐增大，"中国经济增长带动论"逐渐成为人们的共识。

# 第三节　中国外贸
# 体制改革的启示

在改革开放的 40 多年期间，我国外贸体制不断创新，有效促进了外贸的发展、经济的繁荣，也推动了国内相关体制的改革。梳理当前我国外贸体制改革的总体情况，分析我国在外贸体制改革过程中取得的成就，总结外贸体制改革的成功经验，找出当前改革中存在的主要问题，并提出解决问题的相关策略，这对我国未来迈向改革开放新征程、构建全面开放新格局具有重要意义。

# 一、当前中国外贸体制机制改革的总体情况及取得的成就

## （一）当前中国外贸体制改革的总体情况

纵观新中国 70 多年的发展，外贸体制改革在探索中前进，在前进中摸索，逐步实现了对外开放与对内改革的统一。对外，加大开放力度，形成对内改革的倒逼机制；对内，不断深化改革，形成对外开放的新体制。对外开放与对内改革相互协调、相互作用、共同推进。

对外开放，构建全面开放新格局。党的十八大以来，我国以京津冀、粤港澳、长三角和长江经济带等内地区域为支撑，以自由贸易试验区、服务业扩大开放综合试点和服务贸易创新发展试点为突破前沿，推动形成"陆海内外联动、东西双向互济"的开放格局。以自由贸易区建设为载体，探索建设自由贸易港，以服务业开放、发展服务贸易为重点，推动高技术含量、高附加值的战略性新兴产业发展，形成从整体产业到重点领域的立体式布局。为此，国家先后出台了《北京市服务业扩大开放综合试点总体方案》《中国（海南）自由贸易试验区总体方案》《粤港澳大湾区发展规划纲要》等，从提高对外开放水平入手，在各个领域加强制度改革探索，深化简政放权，打破现有体制存在的制度性壁垒，倒逼国内体制改革。

对内改革，由对外开放水平的提高推动国内体制改革的深化。随着我国外贸体制改革的不断深化，改革范围不断扩大，国内规制改革也在不断深化。具体内容有以下几个方面：一是在国有资产管理体制方面，国务院印发了《关于改革和完善国有资产管理体制的若干意见》，该意见明确提出，加强国有资产管理制度建设，改革国有资本授权经营体制，提高国有资本配置和运营效率。二是激发市场主体活力，优化营商环境，发展混合所有制经济，培育具有全球竞争力的一流企业，对国有企业、民营企业和外资企业平等对待。三是加大知识产权保护力度，完善知识产权交易和运用制度，为此国家

先后印发了《知识产权认证管理办法》《专利标识标注不规范案件办理指南（试行）》等，以完善市场监管体制。四是优化营商环境，增强政府管理的透明度，降低企业营商成本，简化行政审批流程，缩短各种办事时间，延长外籍人员停留时间，减少外资企业进入我国市场的壁垒，推动国内外资质互认等，打造高效、透明、便利、具有国际一流标准的营商环境。

### （二）中国外贸体制机制改革取得的成就

第一，外贸蓬勃发展。2013 年，我国进出口贸易总额约 4.16 万亿美元，超过美国，首次成为世界第一货物贸易大国。我国以"一带一路"倡议为统领，构建全面开放新格局，与世界各国的经贸往来不断加深，区域合作迈上了新台阶。2018 年，我国企业与"一带一路"沿线国家的经贸合作进一步深化，非金融类直接投资达到 156.40 亿美元，同比增长 8.9%。同年 11 月，我国成功举办了首届国际进口博览会，共有来自 172 个国家和地区的国际组织参会，3 600 多家企业参展，成交额达到 578.30 亿美元。我国在国际上不断发声，推动经济全球化发展，为我国国际地位的提升奠定了良好的基础。

第二，市场主体结构和外贸方式不断优化。根据商务部数据显示，外贸主体结构发生了重大改变。2018 年，我国民营企业出口占比提升至 48%，已经成为第一大经营主体；外贸产品结构不断优化，一般外贸出口占比提升至 56.30%。除加工劳动密集型产品外，我国加工资本密集型产品也有比较优势，高附加值产品出口稳步提升。在当前外贸中，外贸市场多元化发展；高附加值产品的出口快速增长，国内产业结构从劳动密集型向知识技术密集型改变；关税总水平不断降低，外贸条件逐步改善；外贸对整体国民经济发展的贡献更加突出，作用更加明显。

第三，不断优化的营商环境，使我国始终占据着全球外商投资首选地的地位。我国吸引外资的规模一直保持在较高水平，截至 2015 年，我国吸引外资的规模已连续 24 年居发展中国家首位，这得益于我国营商环境的不断优化。据 2018 年 10 月世界银行发布的《2019 年营商环境报告：为改革而培训》显示，我国营商环境在全球的排名已从 2017 年的第 78 位跃升至第

46 位，提升了 32 位，首次进入世界前 50。我国在开办企业、纳税和跨境贸易等方面的营商环境有了大幅改善。以服务企业为出发点的持续性改革，促使我国成为了对外直接投资最具吸引力的经济体。

第四，要素禀赋结构不断升级，人口优势正在逐渐向人力资本优势转化。随着人们教育水平的不断提升，我国正在将劳动力禀赋优势逐渐转变为人力资本优势。我国在人才培养的数量和质量上均有显著提升，这为我国发展高新技术产业、促进产业升级奠定了坚实基础。

## 二、中国外贸体制改革的成功经验

外贸领域既连接生产和消费，又连接国内和国际市场，是我国进行改革开放最早、市场化程度最高的领域之一。外贸体制机制改革始终走在全国前列，是推动改革开放的重要引擎。外贸体制机制改革的成功经验可以归纳为以下几点。

### （一）正确处理政府与市场的关系是改革的核心

党的十八届三中全会提出"经济体制改革是全面深化改革的重点，核心问题是处理好政府和市场的关系"。我国外贸体制改革经历了一个从政府完全管控到逐步建立、完善社会主义市场经济体制转变的过程。这个转变过程，其实是从政府直接进行资源配置向市场在资源配置中起决定性作用转变的过程。

我国外贸体制改革，伴随着市场力量的壮大，实现了政府职能从"直接管理型"向"因势利导型"转变。中华人民共和国成立初期，为建立社会主义基本经济制度，对外贸实行国家直接管控。1949 年 11 月，我国成立了中央人民政府对外贸易部（以下简称外贸部），建立了我国社会主义外贸政府机制。1953 年，我国成立了 15 家国家级专业外贸公司，受外贸部统一领导管理。外贸的统一领导和指令性任务是为了满足当时国内的生产需求，更是为了建立社会主义经济体制。此时国内没有进行外贸的基础，政府的直接管理有其合理性和必然性。1978 年，党的十一届三中全会作出了实行改革开放的决定，并将全党和国家的工作重点转移到经济建设上来。政府开始引导建立本国的外贸企业，调动企业的积极性，逐步减少政府直接进行资源配置的作用。1984 年 9 月，对外经济贸易部发出《关于外贸体制机制改革意见的报告》的通知，强调了加强外贸的行政管理、充分调动外贸企业的经营积极性和加强经济调节手段等内容。另外，开始推动简政放权，逐步将外贸经营权下放至部委和企业，实行外贸承包经营责任制。1992 年，党的十四大明确提出，我国经济体制机制改革的目标是建立社会主义市场经济体制。此时的政府已经从直接管控改为间接管理，并建立了经济调节体系，引导本国产业发展。2001 年加入 WTO 之后，我国遵照承诺，对管理体制进行深化改革，以国际规则为标准逐步顺政府管理制度。同时，随着我国外贸、外资等领域的快速发展，市场力量不断增强，我国面对外贸发展中存在的体制机制障碍，进行制度性清理和改革。党的十八大以来，我国全面深化改革，紧紧围绕使市场在资源配置中起决定性作用和更好发挥政府作用深化经济体制机制改革，构建全面开放新格局。此时，我国向着建立现代化经济体系不断迈进，努力发挥政府在外贸发展中的引导作用，打造服务型政府，让市场在资源配置中更好地发挥决定性作用。

我国外贸体制机制改革的过程，是一个政府与市场力量不断较量的过程，市场的力量在政府的干预和引导下不断壮大，政府在资源配置中的作用不断弱化；是一个政府管理体制不断升级的过程，从简单的行政指令、统一管理向建立起现代化经济体系迈进；是一个从政府把控要素流动向市场力量决定资源配置，资源配置效率不断提高的过程。

（二）不断加大开放力度，以开放倒逼国内改革

对外开放是我国外贸体制改革的重要内容，也是推动我国从高度集中的计划经济转变为社会主义市场经济的关键举措。

我国加入 WTO 后，积极履行承诺，中央人民政府集中清理法律法规和

部门规章 2 300 多件，地方政府共清理地方性政策法规 19 万多件，在很大程度上清除了我国与世界融合过程中的体制机制障碍。进口商品关税总水平从 2001 年的 15.3% 降至 2010 年的 9.8%。其中，工业品平均税率由 14.8% 降至 8.9%，农产品平均税率由 23.2% 降至 15.2%。同时，在其他非关税措施方面，我国仅保留依据国际公约及 WTO 规则下为了保证生命安全和环境等实施进口管理产品许可证，自 2005 年 1 月起，424 个税号产品的进口配额、进口许可证和特定招标等非关税措施全部取消。在世贸组织分类的 12 大类服务部门的 160 个分部门中，我国承诺开放 9 大类的 100 个分部门，接近发达国家成员平均承诺开放 108 个分部门的水平。截至 2007 年，我国服务贸易领域开放承诺已全部履行完毕。党的十八大以来，我国先后在上海等地设立了自由外贸试验区，在海南探索建设自由贸易港并将北京作为服务业开放试点，集中对现有体制机制进行突破，积极在服务业领域构建对外开放新格局。

我国的开放分为自主开放和协议开放，两种开放相互作用，对政府管理体制机制提出了更高的要求。改革开放以来，为积极利用国际资源，满足国内发展需要，我国逐步放宽了外资准入限制，一批外资企业进入我国市场。外资企业的进入，在产生技术外溢的同时，也加剧了国内市场竞争。具有较强竞争力的外资企业进入，迫使国有企业和民营企业为争夺生存空间而不断进行学习和创新：一方面，学习外资企业高效的管理模式、先进的技术和生产服务理念；另一方面，加强具有自身特色内容的创新。新的理念与新的内容相互结合，可以有效提高我国企业的生产率。生产率较低的企业无法在市场竞争中生存而退出，资源向更高生产率的企业流动，能提升国内产业的整体资源配置效率。同时，外贸领域的开放也对国内其他领域体制机制产生了冲击，要求更高层次的营商环境，对政府也提出了更高的制度标准。

## （三）积极对接国际规则，融入经济全球化浪潮

中华人民共和国成立 70 多年来，不断探索建设中国特色社会主义市场经济体制，并将其与世界规则接轨，这为我国建设现代化的市场经济体系提

供了重要的借鉴经验，同时也为我国融入经济全球化浪潮提供了契机，为发挥我国的比较优势提供了广阔空间。

对接国际规则，为探索建设具有我国特色的社会主义市场经济体制提供了重要的国际经验。目前，世界上主要的国际规则是由发达国家制定的，虽然与我国的社会体制不配套，但是经过发达国家多年的探索，这些国际规则也有其合理之处。因此，对接国际规则，融入世界经济体系，以国际标准要求国内体制机制改革，是提高我国社会劳动生产率的有效途径。1980 年 5 月，我国在世界银行所属国际开发协会及国际金融公司的合法席位得到恢复，我国在世界银行有了投票权。随着我国在世界金融体系中地位的恢复，经常性项目可自由兑换，我国金融体系开始与世界接轨，人民币可以实现与世界货币的汇兑，外汇规模开始增长。1986 年，我国申请"复关"，在全面参照关税及贸易总协定（General Agreement on Tariffs and Trade, GATT）的基础上，不断推进市场经济导向的经济体制机制改革。2001 年 11 月 10 日，WTO 第四届部长级会议审议通过了关于我国加入 WTO 的决定，我国经济进入高速增长期。在探索建设我国特色社会主义市场经济体制的过程中，政府以世界先进的规则体系和管理模式对经济体制进行改革，以对接国际规则，加深与世界的融合，在融合发展中不断对国内的法律制度、管理模式、监管体系、信用体系和融资体系等提出了更高的管理标准，也理顺了政府机构纵向管理机制和横向联系机制，从而促进了政府与市场关系的协调发展，激发了市场主体的活力。

融入世界分工体系，借力经济全球化发挥比较优势。随着正式成为WTO的一员，我国开启了经济全球化新征程，自身的比较优势向国际竞争优势转变。同时，区域合作进程不断加快，2001 年 5 月，我国正式加入曼谷协定，这是我国加入的第一个具有实质性优惠贸易安排的区域贸易组织。此外，我国与南非和东盟开展了自由外贸协定的谈判，同时积极推动了图们江地区开放协定、澜沧江-湄公河次区域合作机制的建立。2010 年 6 月 21—23 日，《亚太对外贸易协定》（以下简称《协定》）第 36 次常委会在蒙古国首都乌兰巴托召开，中国、孟加拉国、印度、韩国、老挝和斯里兰卡六个成员国就《协定》第四轮关税减让谈判、投资和外贸便利化框架协定、非关税措施、原产地规则及蒙古国加入《协定》等议题进行了深入磋商，取得了广泛共识。目前，我国已经与全球 150 多个国家和地区签订了双边外贸协定或经济合作协定。我国不断与其他国家深度合作，扩大自身发展空间，为促进外贸发展和双边投资合作开创发展空间，并且我国人口众多，也为世界各国提供了广阔的市场空间，形成了双赢局面。因此，我国与其他国家合作的加深，既推动了我国比较优势的发挥，又给其他国家带来了发展机遇，推动了经济全球化的进程。

### （四）鼓励发展加工外贸，形成国际竞争优势

我国外贸体制改革既带来了外贸的快速发展又提升了国际影响力，以加工贸易为主的外贸形式，成为了推动自身比较优势向国际竞争优势转化的有效途径。

选择加工贸易作为主要的外贸形式，是我国发挥比较优势的不二选择，也是国际竞争优势形成的起点。改革开放初期，我国产业发展落后，与国外在管理经验、技术积累和资金使用等方面均存在巨大差距，外汇储备十分有限，但是我国具有土地面积广阔、人口众多和劳动力成本低等优势。推动加工贸易发展，开展"三来一补"的外贸形式，成为我国融入世界分工体系，嵌入全球价值链，发挥自身比较优势的重要途径。对于外资企业来说，可以充分利用要素禀赋优势，极大地降低企业生产成本。对于我国企业来说，一是可以通过外贸"大进大出"的形式，快速增加我国外汇储备；二是以加工贸易创造大量工作岗位，解决国内劳动力就业问题；三是向国际跨国公司学习先进的管理经验和技术，逐步提高自身劳动生产率。同时，由于技术外溢的作用，国内外要素快速流动，国内企业通过学习、模仿外资企业并进行"二次创新"，由此推动了国内产业向价值链高端延伸，逐步形成了发展中国家的"后发优势"。

外贸体制机制改革，是推动我国比较优势向国际竞争优势转化的动力。为了发展加工贸易，我国在体制机制上进行了诸多探索。改革开放初期，在

邓小平对外开放和经济体制机制改革思想的指引下，我国开始探索以加工装配为主的外贸创新模式，兴办了面向国际市场的出口型特区，由早期的"三来一补"形式向来料加工和进料加工方式转变，并建立保税区，推动加工贸易进入海关等特殊监管区。

## 三、中国外贸体制改革存在的问题

### （一）外贸经营体制尚未得到根本性转变

我国现行的外贸经营体制经过这么多年的改革，虽然已改变了原有的单一经营渠道，形成了由专业外贸公司、工贸公司等多种形式相结合的经营主体结构。但是由于历史原因，我国目前仍处于未完全放开外贸经营权的状态，不仅外商不能与我国用户直接签订进口协议，需要通过外贸公司进行代理，而且国内生产企业也需通过外贸企业出口。

### （二）宏观调控体制的发展过程

宏观调控体制的发展可分为三个阶段。第一阶段是改革开放前高度集中化的计划经济时期，政府运用行政手段对市场进行直接控制。第二阶段是改革开放之后至党的十四届三中全会期间，中国经济由计划经济体制逐步向市场经济体制转变。宏观调控的核心手段虽然仍是政府干预，但货币政策等适应市场经济体制的间接手段也逐步纳入到宏观调控的框架中。第三阶段是党的十四届三中全会至今，社会主义市场经济体制逐步建立并且市场机制不断发挥基础性作用。宏观调控更加注重运用货币财政政策等间接调控方式，不断减小对行政干预手段的依赖。为了保证宏观调控的有效性，一个极其重要的方面是提高调控主体的调控能力。调控主体在宏观调控中居于主导地位，影响着调控的主动权，其调控能力的高低强弱和宏观调控的成效有着正相关的关系。尽管调控能力不是无限的，但随着调控能力的提高或强化，调控主体所获得的能力限度空间就会愈益扩大，实现调控目标的可能性也就必然增加。

# 四、深入推动外贸体制改革的策略

## （一）我国外贸体制改革应遵循的原则

**1.遵循以市场调节为基础，国家调控为保障的原则**

我国经济是在国家宏观调控下的市场经济，充分发挥市场调节的作用和加强宏观调控，都是建立社会主义市场经济体制的基本要求。在外贸体制改革中坚持以市场调节为基础的原则，是建立符合国际贸易组织规则和社会主义市场经济体制要求的外贸体制的基石。WTO 是一个以市场经济为基础，主张利用市场手段合理配置经济资源的国际贸易组织。加入 WTO 与建立社会主义市场经济体制都要求充分发挥市场机制的作用，在外贸体制改革中坚持市场调节为基础的原则，有利于我国的经贸体制融入世界经济结构的大框架中，也有利于完善我国的社会主义市场经济体制。坚持市场调节在外贸活动中的基础作用，需要政府有关部门大量减少对外贸的干预，保障国内企业根据自身需要自主从事外贸活动的权利。坚持国家调控为保障的原则，这是因为市场调节外贸存在局限性。市场机制不仅不能自觉保持进出口的总量平衡，维持市场公平竞争秩序等，还容易导致进出口的总量失衡、市场竞争秩序紊乱。因此，政府有关部门在充分发挥市场机制对外贸调节作用的基础上，还必须建立必要的政府调控体系，以弥补市场调节的缺陷，保证外贸的正常开展。

**2.既要与国际惯例接轨，又要从我国实际出发的原则**

外贸是一种国与国之间的商品交换活动。作为一种国际间的经济活动，必须遵守一定的规则，才能保证外贸的正常进行。不仅一个国家的外贸活动要遵守国际规则，同样，一个国家的外贸体制改革也要与世界接轨。建立符合国际规则的外贸体制是我国加入 WTO 的一个必备前提。在我国社会主义市场经济体制尚未完全建立起来之前，我国的外贸体制与 WTO 的基本原则还有许多不相符的地方,如我国外贸制度缺乏透明度,出口商品的价格不能完全由市场决定等。但同时我们又必须要知道一个国家的外贸体制必须要与其所处的经济发展程度相适应,与其基本国情相符合。作为一个发展中国家,我国尚处在社会主义初级阶段,同时我们要建立的是社会主义市场经济体制,这决定了我国的外贸体制不可能与西方发达国家完全一样。因此,我国的外贸体制改革既要与国际惯例接轨,又要根据我国国情,从我国实际情况出发,保留我国特色。

3.对内开放与对外开放有机结合的原则

对内开放与对外开放是相互依存的。开放经济下,实现对内开放与对外开放的有机结合对我国经济发展和竞争力的提升意义重大。对内开放和对外开放是相互促进的,在对外开放的同时也必须对内开放,扩大对内开放是对外开放的前提和基础,通畅的国内市场将有助于提高我国对国外企业、投资者的吸引力。同时,当扩大对外开放遇到制度及市场一体化程度的瓶颈时,会反过来要求市场扩大对内开放,这也是为对外开放扫平障碍。只有对内开放与对外开放有机结合,我国才能充分利用国内国外两个市场、两种资源;才能克服资源、资金、技术、管理等诸多方面的制约,扬长避短,发挥自身的比较优势,实现资源在更大范围内的优化配置,使国内经济与国际经济实现互接互补;才能进一步融入国际多边外贸体系。

4.坚持创新与发展的原则

外贸体制改革的艰巨性和复杂性,决定了我国建立符合国际贸易组织基本规则和社会主义市场经济体制要求的外贸体制必须根据国际和国内形势发展的需要,在实践中大胆探索,创造性地提出有利于我国外贸体制改革、对外开放发展的新思想、新措施、新方法,在改革的实践中去认识和把握外贸体制改革的客观规律。这就需要我们突破传统理论和观念的束缚,不断深化对外贸体制改革的认识。加入 WTO 之后,创新应当成为我国外贸体制改革的灵魂,成为推进外贸工作的不竭动力。主动调整不适应 WTO 规则的政策、法规,并非意味着我国丧失了经济主权和管理经济的职能,相反,根据国内外经贸环境的变化作出正确的政策调整和决策,更有利于市场竞争。

## （二）我国外贸体制改革的对策

### 1.深化企业制度改革,为增强企业国际竞争力提供所需的制度条件

首先,进一步深化国有企业产权制度改革。针对国有企业产权主体模糊、出资者缺位、产权约束弱化的弊端,按照现代企业制度的要求对外贸公司的产权制度进行改革。实现外贸企业产权多元化、产权界区的明晰化和建立规范的法人治理结构,实行所有权与经营权分离,把经营权真正交给企业,理顺企业所有者、经营者和生产者的关系,切实保护企业的合法权益,使企业真正成为自主经营、自负盈亏的生产者和经营者。

其次,要抓大放小,实行国有外贸企业的战略性重组。大型国有外贸企业可以采取建立现代企业制度的形式,以外贸为龙头,以资本为纽带,以生产为依托,实现贸易和生产的联合,组建技、工、农、贸一体化的大型企业集团。中小型国有外贸企业可以采用拍卖、股份合作、租赁和承包等形式进行体制改革。对于目前经营情况不好的中小型外贸企业,可以采取兼并的方式,它们既可以被生产企业兼并,也可以被经营情况较好的外贸企业兼并。

再次,积极促进外贸主体的多元化发展。长期以来,我们党一直强调坚持和完善以公有制为主体、多种所有制经济共同发展的基本经济制度。因此,我国在抓好国有外贸企业改革的同时,还要积极扶持和鼓励集体企业、合资企业、外资企业、私营企业,促进外贸主体的多元化发展。

最后,进一步深化企业内部改革,实行减员增效、厉行节约的政策,努力降低企业经营成本,进行经营机制和激励机制创新;制定正确的经营战略、思路,大力实施"走出去"战略,积极拓展多元市场;实施品牌战略,坚持科技兴贸,用高新技术改造传统出口产业,通过调整和优化出口商品结构,提高出口商品的技术含量和附加值,从而增强出口商品在国际市场上的竞争力。

### 2.建立符合市场经济要求的外贸经营制度

（1）实现内外贸一体化经营，营造一个公正公平的市场经济环境

具体策略如下：一是要打破内贸企业和外贸企业在经营范围上的分割，实现内贸企业与外贸企业一体化经营；二是要打破商品的生产领域与贸易领域流通的分割，实现两个领域的内外贸一体化经营；三是要打破原有经济体制下造成的内贸与外贸在管理上的分割，实现内外管理体制上的一体化。

（2）组建大型外贸企业集团，大力发展外贸企业的规模经营

为形成外贸经营的规模效应，应采取强强联合的办法，组建大型外贸企业集团，增强企业的实力，为今后更好地参与国际竞争打下良好的基础。但实行强强联合，必须注意：一是坚持自愿、互惠互利的原则，不能以行政手段强行捏合所谓的"集团"；二是集团不能只是各个成员的简单相加，必须从组织体制上、经营范围上体现集团的实质性和统一性。

（3）建立健全市场体系，完善市场机制

一个完整健全的市场体系是企业经营权得以实现的保障。建立现代企业制度，进行产权改革，可以为企业成为自主经营、自负盈亏的经济实体，拥有资产经营权、生产经营决策权、产品销售权、收益分配权提供所需的制度条件。只有存在一个完整的市场体系，企业才能面向市场，以市场为中心来开展经营活动；只有存在一个健全的市场体系，才能充分发挥市场经济体制的调节作用，才能形成完善的市场机制。同样，只有健全市场体系，完善市场机制，才能为国际、国内两个市场的对接和统一创造一个良好的商贸环境。

### 3.建立健全法律法规体系

具体策略如下：一是加快制定《外贸法》的配套法规和相关政策，对国内外贸企业进行统一规范管理，逐步取消地区倾斜政策；二是要清理和修改不符合 WTO 规则的涉外法律法规；三是加紧制定和完善 WTO 所要求的一些重要的法律法规；四是外贸制度和政策应透明和公开，保证我国行政执法的法治性、公平性、廉洁性和有效性。

### 4.建立健全外贸宏观调控体系

WTO 有一套建立在市场经济基础上的国际经贸规则与惯例，而市场经济强调以规则、法治为导向，这在客观上要求我国在对外贸易上完成政府职能的彻底转变，建立健全灵活高效的外贸宏观调控体系。

转变政府职能的关键是把政企职责分开，政府对企业的管理要由直接管理为主转向间接管理为主，由微观管理为主转向宏观管理为主。政府从直接控制外贸、行政干预企业外贸活动，转向间接管理和宏观调控外贸。政府部门要制定战略规划，运用国家宏观调控手段，实现宏观调控目标，维护外贸经营秩序的健康运行，保持进出口基本平衡和国际收支平衡，实现国内外市场的充分利用和国内外资源的优化配置，促进我国进出口商品结构、产业结构和经济结构的优化，引导外贸和国民经济的持续、快速、健康发展，更好地发挥外贸在国民经济发展中的"引擎"作用。

### 5.探索数字外贸规则，提升引领国际规则制定能力

在经济全球化发展过程中，一个国家只有对接新技术、新模式、新业态的国际规则，才能更好地引领国际规则。在这种情况下，制定国际规则并加强与其他各国的经贸合作，成为我国提升国际影响力的有效途径。当前，数字技术快速发展，在人工智能、物联网、区块链和虚拟现实等新型技术带动下，催生出了各种新业态、新模式，这也成为了推动世界经济发展的技术动力。为了保证国内新技术能够抢占全球技术创新竞争高地，我国应该加强对数字技术和数字贸易相关管理规则的探索，加强对数字技术的跨境流动、关税措施和数字监管等方面的探索，并通过双边谈判、区域合作和多边磋商等途径积极参与国际规则制定，把握战略主动权。

# 第四章 中国外贸体制改革的创新研究

## 第一节 WTO 框架下中国外贸体制的改革与创新

我国加入 WTO 已经很多年了，WTO 给我国外贸体制带来了深远和根本的影响。WTO 的核心精神在于倡导自由外贸，以规则作为 WTO 成员的行动导向，无歧视地在所有 WTO 成员之间开展外贸活动。外贸管理措施的非关税化要求各成员取消各种非关税壁垒。2004 年 7 月 1 日，我国根据承诺，对 1994 年颁布实施的《中华人民共和国对外贸易法》进行了全面修订。商务部表示，通过贯彻实施新修订的《外贸法》，希望达到三个方面的目标：一是为国内各类外贸经营者创造平等条件，加快内外贸一体化进程，进一步提高外贸自由、便利程度；二是为中外双方创造公平和可预见的外贸环境，促进互利共赢，实现我国与世界的共同发展；三是按照国际通行做法建立健全外贸运行监控体系和国际收支预警机制，合理保护国内产业和市场，维护国家经济安全。

# 一、中国外贸体制改革与创新的动因及其特点

## （一）国际环境的变化是中国外贸体制改革的外在推动力量

中华人民共和国成立之初，由于西方国家对我国实行经济封锁，我国走上自力更生的发展道路。又由于社会主义阵营的存在，苏联的经济模式有着强烈的示范效应，我国在没有经验的情况下，只能参照苏联的经济模式。在和平与发展的主题下，加上成功国家和地区的示范效应，推动了我国对外开放的外贸制度的实施。在经济全球化的国际背景下，世界经济走向一体化，任何一个国家和地区都不能脱离国际环境去发展自己的经济，这促使我国进一步融入世界经济的潮流，也推动了我国外贸体制的创新。加入 WTO 又进一步加快了我国外贸体制改革与创新的速度，加快了我国融入世界的步伐。

## （二）利益诱导是中国外贸体制改革的根本动因

新制度经济学的代表人物道格拉斯·诺斯（Douglass North）认为，制度变革的内在动因是主体期望获得最大的潜在利益，正是获利的期望无法在现实的制度安排中实现，才导致了新制度的形成。笔者系统考察了 1949 年后我国外贸体制的改革，认为这些改革都是利益诱导的结果。国际贸易的主体是国家，1949 年以后的外贸制度改革的过程是我国不断追求潜在利益的过程，每一次外贸制度的创新都是在旧制度无法获取潜在利益时而发生的，但国家主体利益的获取是通过调动微观主体——地方和企业的积极性而获得的。中央政府下放外贸经营权，这一举措初步调动了地方和企业开展外贸的积极性，促进了我国外贸的发展。外贸经营承包责任制所形成的激励机制则进一步调动了地方和企业的积极性，并且使监督和组织的成本大大降低。但下放经营权和外贸经营承包责任制只是浅层次的变革，其中潜在的利益推动了我国外贸体制的深化改革。

### （三）中国外贸体制的改革以强制性改革为主

回顾外贸体制改革的历史，我国外贸体制的每一次改革和创新都是由政府作出理性的选择并颁布相应的法令强制实施的。政府对外贸体制的选择，不仅对当时外贸体制的生成、固化起着重要作用，而且对今后外贸体制的改革也有重大影响。一方面，我国外贸体制的改革是核心制度创新与配套制度创新的结合。制度创新不是孤立的，一项制度安排的改变，都可能引起其他制度安排或整个制度结构的效率发生变化。另一方面，我国的外贸体制改革是自创式制度创新与借鉴式制度创新的结合。改革开放以后，我国的外贸体制在借鉴市场经济制度的框架内进行了大胆的自创式制度创新，这种结合是我国今后外贸体制创新的重要依据之一。

## 二、中国外贸体制改革与创新的主要内容

我国外贸体制改革与创新形式起初主要靠政策推动，后来主要靠法律推动，一方面通过法律创制新制度，另一方面把实践中的成功经验制度化、法律化。2004 年修订的《外贸法》就是后一种形式的体现，它规定了我国外贸体制改革与创新的主要内容，其根本宗旨在于扩大对外开放，发展外贸，维护外贸秩序，保护外贸经营者的合法权益，促进社会主义市场经济的健康发展。其主要内容如下：

### （一）外贸经营权下放到自然人

根据《外贸法》第八条的规定，外贸经营者"是指依法办理工商登记或者其他执业手续，依照本法和其他有关法律、行政法规的规定从事外贸经营活动的法人、其他组织或者个人。"这一规定标志着我国外贸经营权的授予制度取得了历史性突破。按照我国加入 WTO 的承诺，我国应当进一步扩大外贸经营权的范围，同时考虑到在技术贸易和国际服务贸易、边境贸易中，组织从事外贸经营的活动已大量存在，《外贸法》作为我国外贸领域的基本

法，应当允许自然人从事外贸经营活动。因此，2004 年修订的《外贸法》将外贸经营者的范围扩大到了依法从事外贸经营活动的个人。自然人可以进行外贸经营活动是国际商贸运作的惯例，大多数国家都允许自然人合法地进行相关进出口活动。此次《外贸法》的修订，意味着我国外贸市场进一步与国际接轨，这是大势所趋，进一步体现了我国政府对公民个人权利在立法上、制度上给予的保障力度。

### （二）建立外贸经营权的备案登记制度

由前文可知，我国为了兑现加入 WTO 时的承诺，2004 年修订的《外贸法》取消了对货物和技术进出口经营权的审批，只要求外贸经营者进行备案登记。具体规定如下：从事货物进出口或者技术进出口的对外贸易经营者，应当向国务院对外贸易主管部门或者其委托的机构办理备案登记，但是，法律、行政法规和国务院对外贸易主管部门规定不需要备案登记的除外。备案登记的具体办法由国务院对外贸易主管部门规定。对外贸易经营者未按照规定办理备案登记的，海关不予办理进出口货物的报关验放手续。

### （三）扩大外贸的范围

2004 年修订的《外贸法》增加了国家基于监测进出口情况的需要，对部分自由进出口的货物实行进出口自动许可管理的内容。国务院对外贸易主管部门基于监测进出口情况的需要，可以对部分自由进出口的货物实行进出口自动许可制度并公布其目录。

### （四）制定外贸调查制度

根据《外贸法》第三十七条的规定，我国可以依据国内法的规定来应对国家之间的外贸问题，以主动介入的姿态来积极应对各种不利情况，防止和制约其他国家设立的各种贸易壁垒。这对于猖獗的外贸保护主义势力具有一定的震慑作用，可以增加我国法律的威慑力量，增强我国在外贸事务中的谈判实力，有效改善我国在外贸问题中的被动地位，为外贸的发展保驾护航。

《外贸法》专门为外贸调查制度独辟一章，规定了其基本框架，为进一步充实、发展、完善这一制度提供了法律上的保证和支持。同时，外贸调查制度大大扩大了调查的范围，不仅可以根据此法对外调查各种外贸壁垒，还能调查可能影响我国外贸的其他事件，外贸行政主管部门因而具有了更大权力来维护外贸秩序，形成了具有我国特色的外贸调查制度。

### （五）完善外贸促进机制

《外贸法》第九章属于外贸促进制度的内容。其中第五十一条规定："国家制定对外贸易发展战略，建立和完善对外贸易促进机制。"第五十二条规定："国家根据对外贸易发展的需要，建立和完善为对外贸易服务的金融机构，设立对外贸易发展基金、风险基金。"第五十三条规定："国家通过进出口信贷、出口信用保险、出口退税及其他促进对外贸易的方式，发展对外贸易。"第五十四条规定："国家建立对外贸易公共信息服务体系，向对外贸易经营者和其他社会公众提供信息服务。"第五十五条规定："国家采取措施鼓励对外贸易经营者开拓国际市场，采取对外投资、对外工程承包和对外劳务合作等多种形式，发展对外贸易。"第五十六条规定："对外贸易经营者可以依法成立和参加有关协会、商会。有关协会、商会应当遵守法律、行政法规，按照章程对其成员提供与对外贸易有关的生产、营销、信息、培训等方面的服务，发挥协调和自律作用，依法提出有关对外贸易救济措施的申请，维护成员和行业的利益，向政府有关部门反映成员有关对外贸易的建议，开展对外贸易促进活动。"第五十七条规定："中国国际贸易促进组织按照章程开展对外联系，举办展览，提供信息、咨询服务和其他对外贸易促进活动。"第五十八条规定："国家扶持和促进中小企业开展对外贸易。"第五十九条规定："国家扶持和促进民族自治地方和经济不发达地区发展对外贸易。"需要指出的是，相对《外贸法》其他部分的规定，外贸促进制度仍有待完善。

# 三、《外贸法》对中国外贸体制改革与创新的重大意义

在加入 WTO 的谈判中,我国在外贸制度、管理方式等方面作出了承诺,如外贸制度的统一透明、三年放开外贸权等。新修订的《外贸法》,就是我国对这些承诺的具体落实,同时对我国外贸体制的变革与创新有重大意义。

新修订的《外贸法》,为外贸持续、健康和协调发展提供了基本的法律制度。新修订的《外贸法》进一步明确了政府在外贸管理中的职责和角色定位,体现了政府适度管理的职能,使得政府管理更加公开、透明,同时,该法也进一步细化了外贸经营者的权利和义务,实现了权利和义务的协调统一。

新修订的《外贸法》,有助于我国确立新时期的外贸改革发展的基本法律框架。新修订的《外贸法》颁布后,政府相关部门做的很重要的一件事就是抓紧推动与新修订的《外贸法》相配套的有关外贸条例、规章的制定和完善工作,并以此确立起我国外贸发展所需的基本法律框架体系,从而全面推进外贸依法行政工作的开展。

总之,新修订的《外贸法》满足我国加入 WTO 的需要,满足我国外贸快速发展的需要,也满足我国外贸体制法治化建设的需要。

# 第二节 中国外贸体制改革下的
# 私营经济的发展

外贸体制作为我国经济体制的重要构成内容，政府相关部门已在不同层次上逐步对其进行完善。利用全球化所带来的机遇和外贸体制改革所带来的发展契机，我国私营经济从无到有，在国内市场与国际市场上成为新的亮点。外贸体制改革在很大程度上推动了我国私营企业更加全面有序地参与国际竞争。国际经济秩序的变动使我国外贸体制的进一步改革成为必然，洞悉外贸体制变迁及其对私营经济发展的影响，对寻求在国际经济秩序变动过程中确保私营经济持续良性发展的外贸体制保障新思路，无疑有着深远意义。

## 一、外贸体制的改革带动中国私营经济参与国际市场

纵观我国外贸体制改革，我们可以清楚地发现这样的历史轨迹：外贸体制改革与经济体制改革的深化和对外开放的不断扩大相伴而行，外贸经营权的逐步放开为私营企业发展创造了良好的政策环境，外贸体制的变化为私营企业外贸业务领域的拓展和私营经济的总体发展提供了更为广阔的空间。改革开放以来，在外贸体制改革的逐步推进下，外贸经营主体多元化格局逐步形成，我国私营企业从事外贸大体上经历了间接参与和直接参与两个阶段，即单纯的代理方式和代理与自营相结合方式从事外贸经营。私营企业外贸经营的领域和渠道逐步拓宽，其总体效益和竞争能力显著提高，实现了跨越式发展。

# 二、国际经济秩序变动中的中国外贸体制改革与私营经济的发展

## （一）国际经济秩序变动、外贸体制改革与私营经济发展三者间的逻辑关系

全球化并非仅仅是一个结构性变化的过程，它也是一个制度性变化的过程。在全球化进程中，国内经济体制与国际经济秩序之间的互动关系增强，国际经济秩序对国内政策环境、国际经济制度对国内经济制度的运行状况都将产生巨大影响。经济全球化进程的加速使资源的全球化流动加快，而国际经济规则和运行秩序的建立与完善相对滞后，国际经济运行中的各种风险不仅难以预测和控制，而且很容易在更大的范围内造成全球性的连锁反应。当环境发生巨大变化时，制度与其运行机制可能不再互补。在这样的情况下，国家经济系统的制度逻辑可能会发生混乱，进而导致一场重大的制度危机。

从总体来看，私营企业仍然处于成长初期，各方面发展仍不成熟，应对市场变化能力较弱。未来，随着世界政治经济秩序的变动及调整，私营企业发展面临的外部环境将更加严峻，经营挑战和风险将进一步加大。可以预见，一旦国际市场出现变动，以经营劳动密集型产业为主的广大私营企业发展不稳定因素将增加，其上下游产业的发展和劳动力的就业极有可能受到牵连，整体私营经济将受到冲击。面对变动的国际经济秩序，笔者不禁要提出这样的疑问：驱动国际经济秩序变动的力量是否能使外贸体制发生制度逻辑的逆转？全球化的方向一旦发生转变，国内原有的外贸体制是否还能适应国际经济秩序，而使国内经济免遭重大损失？面对国际经济波动，我国应当采取怎样的体制框架来保障私营企业外贸额的平稳增长和私营经济的良性发展？笔者认为，国际经济秩序的变动会推动我国外贸体制的改革。政府为实现协调经济发展的宏观战略目标，可以将外贸体制作为中间变量，通过

转变外贸增长方式，对私营企业经营目标施加影响，使私营企业经营向着国际化和提高生产效率方向发展。国际经济秩序的变动促使宏观层次的政府目标、中间层次的外贸体制目标、微观层次的私营企业经营目标联结成了一个整体。

### （二）国际经济新秩序条件下我国外贸体制改革的推进方向

一个国家在制定国际贸易战略与政策时，不能仅仅考虑国际贸易有利的一面，还要充分考虑国际贸易带给本国的各种风险。

我国外贸体制改革是在国家内部和国际外部环境双重驱动下循序进行的，相较于之前的外贸体制改革，未来外贸体制改革将由原来对进出口制度做局部或临时性的修补时期过渡到全面调整时期，旨在构建适应经济全球化时代国际竞争发展的新形势的新型外贸体制。如何通过外贸体制的运行事先帮助私营企业降低国际经济秩序变动带来的风险，防止国际经济摩擦，已经成为检验外贸体制是否成熟的一个重要指标，也将是未来制定外贸政策乃至经济政策的核心。外贸经营权放开之后，私营企业对外贸的依赖程度越来越高。由于私营企业参与国际市场的经验不足，抗风险能力较弱，因此，未来外贸体制改革的深化关键在于建立规避外部风险的机制，维护国家经济安全，对未来国际经济秩序可能发生的重大变化提前做好准备。

## 三、国际经济秩序变动中我国私营企业外贸发展的保障措施

在国际经济秩序调整的情况下，私营企业可能会受到大幅冲击。私营企业外贸水平还很低，质量和效益也不高，低水平的加工贸易仍占据主要地位，在国家对私营企业的外贸权放开之后，一些私营企业仍未将外贸权实际运用起来。针对这种情况，政府相关部门应制定一些能有效渗透到私营企业对

外经营决策的政策,这样才能帮助私营企业在短期利益和长期利益之间取得平衡,使其更好地遵守国际贸易的规则和秩序,从而促进私营企业的外贸发展。

### (一)成立私营企业外贸专门服务机构,协调有关部门进一步给予私营企业出口更为平等的待遇

私营企业自进入外贸经营领域以来,已获得许多优惠待遇,但仍在许多资源获取环节没有获得更为平等的条件。如在融资方面,外贸私营企业经营外贸规模相对较小,难以获得银行授信额度,因此不得不将与外贸量等值的货币投入银行才能开出外贸信用证。此外,虽然中国进出口商品交易会(以下简称"广交会")是私营企业拓展国际市场的有效窗口,但广交会的设摊资格是难以获得的,这无疑限制了私营企业拓展海外业务的步伐。针对我国私营企业外贸额逐年增长的情况,政府可成立专门的私营企业出口协调机构,这些机构除为私营企业出口提供各种专业服务或培训,逐步提高私营企业从事外贸经营能力之外,还能为私营企业争取更多的机会或政策支持。例如,向上级经贸部门游说为私营企业争取更多平等的设摊机会;加强外贸体制保障,在原材料和能源紧缺时,使私营企业同样可以获得可靠的支持等。

### (二)引导私营企业在多元化开拓国际市场的同时,注重企业产品内外市场需求结构的组合

市场多元化是分散私营企业外贸风险的重要战略。政府可以制定相关外贸政策,努力实现外贸体制、私营企业经营机制、国际规则三者之间的相互协调,使市场多元化战略得到全面实施。我国国内市场十分庞大,经济处于快速增长阶段,潜在的市场需求是其他国家不可比拟的。为缓解私营企业所面临的国际经济摩擦,政府应在引导私营企业积极扩大出口,使出口市场多元化的同时,更加积极地扩大内需,形成国内市场和国际市场的有机组合。优先放宽私营企业对内融资和向外投资的渠道,通过产业海外转移来减轻私营企业外贸摩擦的压力,引导私营企业平衡产业结构,积极开拓新市场,

分散国际风险。

### （三）积极帮助私营企业进行反倾销诉讼，引导私营企业深入研究产品出口替代国的外贸状况，加强外贸预警平台建设

从国际贸易来看，针对我国出口商品类型的限制措施呈继续增加的趋势，形式也趋于多样化，既有传统的反倾销调查，又有知识产权保护、技术性贸易壁垒等限制措施新形式。总体上讲，我国受到的发达国家的反倾销调查集中在加工贸易和初级外贸产品等劳动密集型产品上。私营企业由于资金、人才、利益等多方面因素的影响，对外贸纠纷缺乏基本的知识和判断，对所受到的反倾销诉讼通常不够重视，甚至放弃应诉。实际上这种放弃应诉的做法将使私营企业不但失去对原有市场的出口权，还有可能引起其他国家的不良连锁反应，而一旦应诉，不仅有获胜的可能，还可以延缓裁决时间，获得市场机会。因此，政府应当帮助私营企业树立积极应诉的信心，督促其积累从事外贸所应有的经验和人才，使其由对国际市场的不了解逐步转向掌握国际市场新形势。

实践中，美国商务部通常以印度、巴基斯坦、印度尼西亚、斯里兰卡、菲律宾为替代候选国，并经常因为印度的相关信息比较容易获得而最终选取印度为替代国。因此，我国政府还应通报常用替代国的外贸状况，使私营企业对其有所了解，并应当加强产品生产、消费、价格变化的预警平台的建设，尤其要加强对重点行业可能发生的外贸争端的预警平台的建设，并及时制定对策，提升私营企业解决外贸纠纷的能力。该预警平台应充分体现预警机制的前瞻性、预防性特征，为维护私营经济安全起到"雷达"的作用。

### （四）规范私营企业在新老市场的出口秩序

外贸经营权放开之后，由于私营企业良莠不齐，企业间竞争无序，导致有些企业只从自身利益出发，忽视行业整体利益，不惜竞相压价，争夺现有市场。同时，私营企业在开拓海外市场时通常缺乏长远规划，某种产品在某一市场畅销，大家便一窝蜂地跟进，导致企业多头对外，出口秩序混乱。一

些企业不能根据国际市场和进口国行情及时调整出口商品的价格和数量，致使某些商品大批量涌入进口国，从而遭受对方的反倾销诉讼。出口竞争秩序混乱所引起的国际反倾销诉讼对于成长中的私营企业而言，无疑是一个致命伤。因此，我国政府应当对出口秩序，尤其是对新开拓市场的出口秩序进行有效规范，避免私营企业重蹈覆辙。

### （五）引导私营企业培育自主品牌，准确定位，注重知识产权

私营企业目前在外贸经营身份上不再是"陪练""陪读"的角色，但在国际市场价值链条上，这一身份并未发生实质性的改变，仍然充当着"后台"角色。私营企业主要在加工制造环节参与国际分工，出口商品缺乏核心竞争力，以贴牌加工为主，自主品牌的主要出口市场多为不发达国家和地区。由于我国大部分私营企业缺乏正确的定位，不注重培育自己的品牌，这也导致了私营企业自主品牌少、产品技术含量低、资本积累速度慢，在世界产业分工和利益分配中处于不利地位。面对较高层次的国际市场需求，私营企业在扩大出口、获得更多国际市场份额的背后，实际上是在为国外厂商"做嫁衣"。因此，私营企业应着眼于提升产品的原创设计能力，提高产品档次，注重培育信息渠道和品牌价值，注重知识产权，提高抵抗国际贸易风险的能力。这就要求政府引导私营企业调整定位，对于实力不同的企业实施差异化定位，鼓励实力强的私营企业做好、做大品牌，逐步扩大国际市场份额，使私营企业的商品出口得到更多的品牌利益。政府还应当引导私营企业在商品出口方面从注重技术引进、仿制为主过渡到以技术消化、吸收、改进为主，引导私营企业转变低价扩张、以量取胜的发展模式。

# 第三节　中国外贸体制创新
# 与产权结构改革

我国外贸体制的改革始终贯穿着这样一条主线，即从高度集中的计划经济体制向社会主义市场经济体制过渡并与国际规则接轨，但又试图绕过产权制度进行创新。其特征是在不赋予外贸企业法人资格和相应的法人财产权的条件下，直接在国家和外贸企业之间实行所有权和经营权的分离，仅仅将国有外贸企业的产权改革定位在管理层面的产权明晰上。实践证明，这一改革思路无法解决我国外贸体制中的深层次问题。本节拟在对产权、产权结构与外贸体制的相互关系讨论的基础上，对基于我国外贸体制创新的产权结构改革问题进行分析。

## 一、产权、产权结构与外贸体制

经济学界对产权的研究主要有两大基本理论范式：一是马克思主义所有制理论，二是现代产权经济学理论。马克思主义所有制理论是以资本主义所有制为基础，包含资本的所有权、占有权、支配权、使用权在内的统一整体。它通过对资本产权关系的分析，揭示出剩余价值的生产、实现和分配的规律，揭示出资本主义所有制的本质，进而通过"产权"这一线索使资本主义经济关系的整个图景展现在人们面前。

20世纪90年代以前，我国经济学界的研究主要是按照马克思主义所有制理论范式展开的。从20世纪90年代起，更多的研究是按现代产权经济学理论范式进行的。

现代产权经济学理论继承了新古典经济学的基本原理和分析方法，主要研究现代市场经济中产权及其结构和安排对资源配置及使用效率的作用和影响，强调产权、制度、交易费用等在经济学中的重要性，追求制度分析与传统经济学的耦合，并逐步步入现代主流经济学的殿堂。

产权理论由 20 世纪 60 年代美国经济学家 R.H. 科斯（Ronald Hery Coase）在对传统的西方古典经济学和福利经济学的一些根本缺陷进行反思、批判和修正的基础上首先提出。科斯在《企业的性质》一书中首次提出的"交易费用"的概念为产权经济学奠定了基础。1960 年，科斯又发表了《社会成本问题》，从而产权的概念被正式纳入经济学的范畴。科斯并没有对产权的概念给出一个明确的定义，但我们基本可以把它理解为人与人在交易过程中的权益关系。20 世纪 70 年代以后，奥利弗·威廉姆森（Oliver Williamson）、道格拉斯·C. 诺思（Douglass C. North）、西奥多·舒尔茨（Theodore W. Schultz）、乔治·斯蒂格勒（George Joseph Stigler）、阿门·阿尔奇安（Armen Albert Alchian）、H. 德姆塞茨（H. Demsetz）和张五常（Steven N. S. Cheung）等人对产权理论进行了丰富和发展。德姆塞茨认为，产权是一种社会工具，其重要性在于事实上它能够帮助一个人形成他与其他人进行交易时的合理预期；阿尔奇安则认为，产权是一种通过社会强制实现的对某种经济物品的多用途进行选择的权利，具有可分割性、可分离性和可让渡性。

综合国内外学术界关于产权的研究，笔者认为，产权是在交易过程中，由于物的存在和使用所产生的各财产主体（个人或经济组织）之间的一种排他性的受损或受益的权利。具体而言，产权指的是对资本的占有、控制、使用、转让、处置、受益等一系列权力束，它反映着各财产主体之间的行为关系。相应地，产权结构则是某一经济系统中各产权主体的构成及相互关系。

明确产权与产权结构的内涵，对于准确把握我国外贸体制中的产权与产权结构具有重要意义。从我国的实际来看，我国外贸体制中的产权与产权结构包括宏观和微观两个层面的含义：宏观层面的产权与产权结构指的是在我国外贸体制中，在所有外贸企业组成的经济系统内，国有企业、集体企业、民营企业和外资企业等各种产权主体的构成和相互关系；微观层面的产权与产权结构指的是作为外贸行为主体的外贸企业内部的国有产权、集体产权、民营产权和外资产权的构成和相互关系。

产权与产权结构在我国外贸体制框架中起着重要作用。在宏观层面上，产权与产权结构的合理安排有利于建立公平公正、竞争有序的市场经济体制和外贸秩序。明晰产权能形成高水平的专业化分工、合理的市场结构和健全的制度规则。而产权不明晰所造成的经济效率的损失会比现有经济理论预想的还要糟糕。从这个意义上说，产权制度是我国市场经济和外贸体制的重要基础性制度，它直接影响着我国公平公正、竞争有序的市场经济体制和外贸秩序的形成及其交易效率和经济效益。

在微观层面上，产权与产权结构的合理安排有利于国家建立适应社会主义市场经济的现代外贸企业制度。在国有企业改革问题上，一种盛行的观点认为委托代理问题是国有企业改革的核心问题，这一观点的主要依据无非就是作为国有企业所有者的国家不可能直接去经营企业，只能实行委托代理制度。但实践表明，产权主体不明晰、产权结构不合理，委托代理关系就不可能从根本上解决产权主体缺位的问题。这是因为，产权主体不明晰导致初始代理人不明确，而产权结构不合理又导致了委托代理链条过长，并由此引发一系列新的问题。因此，笔者认为，合理的产权结构不仅有利于外贸企业按社会主义市场经济和现代企业制度的要求深化改革，也有利于外贸企业内部控制制度的形成和外部监管机制的完善。如何合理地安排产权结构，是国家在建立现代外贸企业制度的过程中不可回避的问题。

## 二、中国外贸体制中的产权结构及其缺陷

改革开放以后，特别是加入 WTO 以来，我国在建立既适应社会主义市场经济又符合 WTO 规则的外贸体制和外贸企业制度方面，尤其是在外贸经营主体的构建与塑造、外贸经营机制的建立与完善、外贸法律法规的建设与规范、外贸中介组织的培育与发展、国家宏观调控手段的转变与改进等领域，都取得了十分可喜的成绩。但是，我国外贸体制中产权结构仍存在不少缺陷。这可以从宏观和微观两个方面加以概括。

　　从宏观方面看，目前我国外贸体制中虽然已经形成了国有企业、集体企业、民营企业和外资企业并存的产权结构体系，但尚未形成完全公平公正、竞争有序的市场经济体制和市场经济环境，各产权主体在外贸中尚未获得真正的平等地位，对各产权主体仍在一定程度上存在差别待遇。从客观上看，产权歧视远未消除，这主要表现在三个方面：一是在产权保护方面，由于历史的原因，国家更重视公有制性质的产权主体，尽管国家早已将保护私有财产正式载入宪法，但是私有产权保护要得到切实有效的落实，国家还有很多工作要做；二是在产权流转方面，由于政府担心国有资产的流失，所以国有产权的流转以及国有产权与其他产权之间的交易还不顺畅，这阻碍了资源的有效配置；三是在对各产权主体的外贸支持方面，政府从法律、法规以及行政规章制度等各个方面为国有产权提供各种便利，而我国大部分民营外贸企业在市场准入、金融支持、出口信贷、信息提供和基础设施的利用等方面仍无法与大型国有外贸企业相提并论。

　　从微观方面看，尽管政府在不断推进外贸企业改革，但是适应社会主义市场经济要求的现代外贸企业制度尚未真正建立。这主要表现在：一是国有外贸企业产权主体不健全。国有外贸企业中企业产权界区不明晰，产权主体虚置现象远未得到根本改变，企业还没有真正成为自主经营、自负盈亏的充满生机和活力的经营者。政府所采取的各种政策和措施，虽然可以不同程度地激发企业经营的积极性，但是也有可能造成政府预算软约束。另外，政府在财政、税收、信贷等方面放权让利的改革引发了一种"利益刚性"现象，即"既得利益"动不得，这就提高了企业对政府讨价还价的期望值。同时，信息不对称、结构性矛盾、扭曲的价格机制等因素也为企业提供了与政府讨价还价的条件。而且，各种规则软化，企业利益和责任的严重不对称，常常演变成企业与政府之间的博弈和企业之间不计成本的竞争。二是民营外贸企业的进一步发展壮大遭遇体制困境。民营企业一方面相对缺乏金融机构的支持，另一方面在资本市场上也处于相对弱势的地位，这在客观上也造成了当前民营外贸企业产权不清晰的问题，从而阻碍了民营外贸企业的发展壮大。三是在组建合资外贸企业时，还存在政府控制下的控股权之争，使得国有产权、集体产权、民营产权和外资产权相互参股难度较大，不利于形成混合所有制。

产生上述问题的原因主要在于外贸体制方面，具体体现如下：一是政府过度参与外贸。在我国的外贸体制中，政府不仅制定规则、维护市场秩序，而且还亲自参与外贸，这不利于外贸企业的健康成长。正是由于政府的过度参与，使得市场机制无法正常发挥应有的作用，进而使得外贸企业的法人治理结构难以形成。而且就目前的情况而言，政府对外贸的干预并不仅仅局限于国有外贸企业，实际上民营外贸企业和外资外贸企业的外贸也在不同程度上受到政府的影响。二是外贸法律法规不健全，尤其是外贸体制中与产权制度的变革相关的法律法规不健全。虽然我国已经修订了《外贸法》，但与其相关的法律体系还未完善，一些细化的、可操作性的法律和法规仍然缺乏，而且目前尚无任何一部法律专门对产权制度和产权结构进行详细规定。产权制度和产权结构的不明确造成了政府和外贸企业的权力边界的模糊。因此，外贸法律法规，尤其是外贸体制中与产权制度变革相关的法律法规能否尽快出台是外贸体制中产权结构创新能否成功的关键。

## 三、我国外贸体制创新中产权结构改革的目标

我国加入 WTO 已经进入后过渡期，我国外贸体制的不适应性及其创新的外部压力和内部压力都已经暴露出来，我国外贸体制改革已经到了必须下定决心进行产权结构改革与创新的阶段。笔者认为，我国外贸体制创新中的产权结构改革必须遵循两条基本原则：一是外贸体制中的产权结构改革必须与我国市场经济体制中的产权制度改革相衔接，以维护国家产权制度的统一性；二是外贸体制创新中的产权结构改革必须与 WTO 规则和其他国际规则相吻合，以满足我国企业参与国际竞争的需要。在此基础上，我国外贸体制创新中的产权结构改革的基本思路和目标应该是努力构建一个产权主体多元化、产权地位平等化和主体权益法治化的新的充满生机和活力的

外贸产权结构框架。

所谓产权主体多元化，是指各产权主体或各产权主体通过市场机制联合起来组成的经济共同体共同从事外贸，使我国的外贸呈现出一种多种产权主体共同参与、同时存在、公平竞争的局面。产权主体多元化不仅可以根治我国外贸领域的顽症，即出口低价竞争，而且还有利于外贸企业建立现代法人治理结构，提高经营管理水平，同时也有利于国有外贸企业分散经营风险，提高国有外贸企业全面参与国际竞争的能力。

所谓产权地位平等化，是指从法律上和政策上保证不同出资人的平等地位，不存在不同产权主体之间的地位和权利的不平等和歧视，使得国有、集体、民营及外资企业在市场上平等竞争。这不仅有利于多元主体在市场机制作用下发挥各自的优势和潜能，还能使各种产权主体之间相互渗透、相互制约，从而形成公平、公正和规范的市场竞争秩序。

所谓产权主体权益的法治化，是指外贸体制中的产权结构必须从法律上确保各产权主体的利益。法律可以帮助人们形成理性预期，在各方之间架起一座沟通的桥梁，使各产权主体明确可以做什么、不可以做什么。在这种清晰的权利义务范围内，各方可以自由行使自己的权利。因此，正如产权经济学认为的那样，法律可以改善交易效率。另外，产权主体权益的法治化通过明确政府的权力范围和各产权主体的权力边界，可以有效防止政府对外贸的直接和过度干预。

在我国外贸体制创新的产权结构改革中，产权主体多元化、产权地位平等化和主体权益法治化是一个完整的制度体系，三者相辅相成，缺一不可。同时，产权主体多元化、产权地位平等化和主体权益法治化本身又需要有一个较为宽松的外部体制环境与政策环境。只有具备了这样的条件，我国外贸体制中的产权结构改革才会顺利进行。

# 第四节　新国际贸易环境下
# 中国外贸体制的改革

改革开放以来，我国外贸取得了巨大发展。外贸规模扩大和外贸依存度上升表明我国经济对国际市场的依赖程度在提高，经济增长受国际市场的影响也在增大。随着外贸的快速发展，我国已进入外贸摩擦多发期。因此，我们有必要研究在新的国际贸易环境下，处于转轨期的我国外贸体制改革应该怎样进行，才能解决以前体制中存在的结构性问题，从而促进我国从外贸大国向外贸强国的转变。

## 一、新形势下中国外贸体制改革的方向

### （一）当前国际贸易的新环境和新特点

#### 1.国际贸易环境出现新变化和新趋势

在全球经济一体化纵深发展、网络信息化飞速发展的今天，我国经济已经成功地融入了世界大家庭。在新世纪，我国面对的国际贸易环境也出现了一些新变化：第一，世界经济进入新一轮增长的周期，国际贸易有望进一步发展。自 2001 年起，世界经济已摆脱连续四年的增长缓慢和不景气状态，开始步入新一轮经济上升周期，国际贸易市场总体处于一个回升阶段。第二，经济区域集团化的趋势进一步加强，基于区域一体化合作上的外贸领域正在不断扩大，跨区域贸易协定发展迅速，其中跨区域的双边或区域贸易协定发展尤为迅速，WTO 的作用日益明显。第三，跨国公司的蓬勃发展，对世界外贸的推动和控制作用日益加强。据 2019 年统计，全世界目前有 8 万多家跨国公司，这些跨国公司是经济全球化的构建者，也是经济全球化的受益者。随着生产进一步国际化，跨国公司将在更大程度上控制国际贸易、国际

投资和技术转让等经济活动。第四，科技进步加速，经济发展和产业结构换代的趋势明显，国际贸易商品的科技含量提高，国际贸易的发展也越来越多地与新技术连在一起，使国际贸易商品的质量和外贸的原材料密度、粗放程度的关系大为减弱，而与技术、知识密集度的联系却更加密切。

### 2.国际贸易内部结构发生了重大变化

在新形势下，国际贸易的内容、方式不断丰富和发展，国际贸易与国际资本之间的关系更为密切。具体体现在以下方面：第一，国际服务贸易蓬勃兴起，经济越来越"服务化"。当前，服务贸易正以高于商品贸易的速度增长，在国际服务贸易的构成中，运输和旅游服务贸易所占的比重相对下降，通讯、保险、广告、技术、租赁、管理等服务贸易所占的比重在不断提高，尤其是高技术产品的附加值不断增加，其产品也越来越趋向于服务密集型。第二，国际贸易方式正在变革。首先，外贸电子信息化程度加快，电子数据交换代替了传统的纸面单据用于外贸；其次，政府对外贸发展的管理和干预愈加明显。有关国家和各区域经济集团出于利益的考虑，为保护区内市场，在逐步排除妨碍商品和生产要素自由流动的各种障碍的同时，排斥外贸，新贸易保护主义抬头，各集团之间的非公平垄断竞争和矛盾加剧。第三，国际贸易、国际资本和国际产业转移这三者之间的关系日益密切。全球区域经济合作和外贸投资自由化趋势进一步增强，市场、资源、资本、人才等要素的重组和流动加快。国际产业转移的提速，也使得国际贸易活动空间增大。

## （二）国际贸易环境变化对中国外贸体制改革的影响

### 1.有利于外贸体制改革的完善和产业结构的优化升级

国际贸易环境的变化有利于促进我国外贸体制的完善，促进我国外贸体制与国际接轨。首先，我国政府管理外贸的方式以及宏观经济调控的手段将受到规范和制约，为了应对新形势下的外贸环境，我们需要转变观念，做出相应调整。政府也应采取措施打破地区封锁、行业垄断，创造一个按市场经济规则办事的竞争环境。其次，随着外贸领域的进一步扩大，特别是服务业贸易的增加，会对政府监管能力提出更高的要求，防范金融风险和维护国家经济安全的任务更加艰巨。最后，随着贸易区域一体化、市场化的进程加快，国际规则对各国经济发展的影响和制约越来越大，在这种情况下，改革我国当前的外贸体制有利于我国直接参与国际贸易规则的制定，维护我国利益。

国际贸易环境的变化还有利于我国内部经济结构调整和产业优化升级。我国应利用国际经济结构调整和产业重组提供的机遇，推动自身的经济结构调整和产业升级，加快经济增长方式的根本性转变，促进国民经济持续健康发展。

2.会带来更多的外贸摩擦和新贸易壁垒

自加入 WTO 以来，我国外贸总额每年都在增长，而且保持了较大的外贸顺差，这必然会挤占别国的市场，给其他国家的相关产业造成新的压力，客观上会加剧我国与其他国家的外贸摩擦。

随着新贸易壁垒时代的到来，我国外贸体制也暴露出一些弊端：一是我国出口迅猛增加，但出口产品结构以劳动密集型产品为主，且多为最终产品。同时，由于我国劳动力成本较低，出口厂商在国际市场上一味压低价格，造成了出口产品长期处于增量不增值的情况，产品的升级换代缓慢，缺乏核心竞争力。由于价格偏低，我国商品在国际市场也容易给他国造成倾销的错觉，引发外贸摩擦。二是现行的国际经济秩序存在对我国外贸的歧视性因素，使得西方经济发达国家在外贸的技术性手段方面具有先天性"优势"。

由于我国出口商品大都属于劳动密集型产品，新贸易壁垒对我国的冲击将更大，它将成为我国外贸面临的最大障碍。因此，我国必须要对外贸体制进行根本性的改革。


# 二、当前中国外贸体制应实现三大转变

（一）在外贸观念上要实现从片面追求"外贸顺差"向"外贸平衡"转变

传统外贸观念认为，出口是为了创汇，顺差是好事，逆差是坏事。这一观念长期影响着我国的外贸政策和实践。其实，一个国家的外贸应追求长期的进出口基本平衡，而不是长期的外贸顺差。我国是一个发展中的大国，长期的外贸顺差所带来的并非都是好处。首先，外贸顺差将带来越来越多的外贸争端；其次，外贸顺差虽然增加了我国的外汇储备，但从资源效用最大化的角度看，长期外贸顺差容易造成资源浪费；再次，持续高额顺差导致人民币升值，进而导致资本净流入增加，资本净流入增加又进一步增加了人民币升值的压力；最后，巨额的经营项目的顺差，会转化为货币大量投放的压力，成为通货膨胀率上升的重要因素。

相反，外贸逆差的结果也并非都是坏处，它还有以下好处：适当逆差有利于缓解短期外贸纠纷，有助于外贸长期稳定发展；逆差实际上等于投资购买生产性的设备，只要投资项目选择得当，既可补充国内一些短缺的原材料，又能很快提高生产能力，增加就业和经济总量；逆差能减弱市场对人民币升值的预期，减缓资本净流入的速度；短期的外贸逆差有助于缓解我国通货膨胀的压力，拓展我国货币政策的操作空间。

从我国经济发展的实践来看，经济增长快的年份，都是外贸逆差或者顺差较小的年份。因此，在外贸问题上，应当扭转以出口创汇、追求顺差为目标的传统观念和做法，制定以国际收支平衡为目标的外贸政策。

## （二）在外贸战略上要实现从"出口导向"向"外贸平衡导向"转变

很多学者认为，借鉴东亚国家经济发展的经验，实施出口导向战略将是我国经济振兴的必由之路，再加上原有经济模式的长期影响，使得鼓励出口、限制进口的外贸政策在我国逐步固化。这种"重出口轻进口"的政策于20世纪90年代在推动我国经济增长过程中发挥了巨大的作用。但实际上，分析过去10年出口导向型经济的成功经验，我们会发现，不仅仅是出口，而是出口与进口共同推动了我国经济的增长：出口带来了需求，而进口推动了技术的引进与全要素生产率的提高。并且，在某种条件下，进口对国民经济的促进作用甚至比出口还大，如进口石油、铁矿石、钢材、机电设备等，作为初始投入的一部分能从供给层面促进经济增长。

当然，从长期趋势来看，国家利益的实现根本上还是取决于外贸的动态平衡。考虑到我国的资源状况、市场规模、产业结构和经济体制等各方面因素，基本平衡的外贸差额也应该是符合我国经济发展要求的。因此，我国的外贸战略应由传统的出口导向转向外贸平衡导向。

### （三）在外贸增长方式上实现从"粗放型增长"向"集约型增长"转变，从"外贸大国"向"外贸强国"转变

我国过去的外贸增长方式存在着"四大不够协调"和"四个不可持续"：速度与效益不够协调，商品贸易与服务贸易不够协调，贸易和产业不够协调，东部和中西部外贸不够协调；外贸摩擦增多不可持续，低成本不可持续，高资源消耗不可持续和核心竞争力不可持续。

实现从粗放型增长向集约型增长转变、从外贸大国向外贸强国转变，关键应从以下几个方面推动外贸增长方式的转变：一是促进核心竞争力的增强，提高出口产品附加值；二是促进加工外贸转型升级，延长国内产业链条、培育自主知识产权，由"候鸟经济"转变为"榕树经济"，增强对国内产业和国民经济的带动作用；三是促进国际营销能力的提升，培养我国自己的跨国公司，掌握市场主动权；四是促进行业协调，制止进口和出口中的恶性竞争，特别是在资源进口中要建立多元、稳定、可靠的资源供应基地；五是促进两个市场的衔接与互补，增加国内急需产品的进口；六是既要注重进口资源、能源、技术，也要坚决控制"高能耗、高物耗、高污染"产品出口。

# 第五章　中国外贸体制改革的
# 实践研究

## 第一节　中国外贸体制改革的
## 关键：EDI 的运用

21 世纪是知识经济时代，其中电子商务的发展极其迅速，而电子数据交换（Electronic Data Interchange, EDI）作为电子商务的基础正给外贸领域带来一场全新的外贸方式的革命。随着 EDI 成为国际贸易中一种新的贸易壁垒，是否将 EDI 的使用引入到我国外贸体制改革，是决定我国外贸发展快慢的一个关键因素。

席卷全球的信息化浪潮正影响着人们的生活方式与工作方式，知识经济在发达国家方兴未艾，网络信息技术日新月异地发展又为全球经济一体化、市场国际化和外贸网络化奠定了坚实的基础，继而出现了"网络经济"和"互动对外贸易"，即电子商务。而 EDI 正是其中的一种，它给我们带来了一种全新的外贸方式，即采用电子单证，通过现代计算机与通信技术，把制造商、批发商、代理商、零售商以及政府有关部门、运输、仓储、银行、保险等连成一体，进行信息传递，从而完成交易，取代传统的信函、电传、传真、互访、合同文本等为基本手段的外贸方式，因而它是一场革命，一场全新的外贸方式的革命，它像当年的集装箱、条形码一样成为了一个国家进入国际市场的通行证。

# 一、EDI 的运用是国际贸易发展的必然趋势

## （一）EDI 的效益优势：快速、高效

相关企业应用 EDI 可以节省成本，减少重复录入数据，减少差错，加快文件传递速度，提高工作效率和竞争力，因此，其在外贸领域中的应用效果是最明显的。在用传统纸质文件处理业务的条件下，一笔国际贸易业务中约有 46 种不同的单证，连同正副本一共有 360 份以上，它们要在 20 多个部门间进行流转，有 70% 的信息将重复出现，其中有 30% 的信息重复出现 20 次以上。如果靠手工来逐份处理这些文件的话，那将是一项极其烦琐的工作，而且还有一个关键的问题，在外贸业务中，对单证的正确性要求是极其严格的，哪怕只是这么多份单证中的一份出现了一点格式错误，也可能导致整个业务的失败。因此，这又需要有专人专门负责审核单证，更是加大了劳动量。如果使用 EDI 技术传递单证的话可以同时解决这两个问题：网络上有专门的 EDI 翻译软件，可将输入的内容自动转换、翻译成所要求的单证形式、语言形式，而且可根据需要做成不同份数及组合，并保证自动传递到有关部门，同时追踪结果，这一过程甚至在十几秒内就可以完成。由于这种软件在开发时就已遵循在外贸伙伴的协议中规定的标准单证格式，因而不会出现单证格式不符的情况。

EDI 在外贸领域的应用，目前已达到比较成熟的阶段。外贸经营者可以通过 EDI 发出订单、接受订单、询问有关商品信息、办理海关手续等，也可通过 EDI 来办理货物运输和银行结算等事项。总之，和国际贸易有关的各种手续都可以在不使用纸质单证文件的条件下完成。

## （二）EDI 的运用成为一项新的贸易壁垒

EDI 的运用已成为国际贸易未来发展的必然趋势和新的交易标准。统计数据表明：1992 年底，全球已有 53 个国家和地区在开发和应用 EDI，世界 EDI 用户大约有 13 万；1995 年达到了 50 万，并且仍以每年 50% 以上的

速度增长。

随着 EDI 在世界各国外贸领域应用步伐的加快，一些国家开始通过行政手段来推广 EDI 的使用：美国商务部和海关以及欧盟都明确规定，对于使用 EDI 办理进出口许可证和提供报关文件，将优先审批办理，而采用传统纸质文件申报办理的，将被推迟受理。早在 1997 年 1 月，美国总统克林顿就宣布政府采购开始使用 EDI 方式。同年 5 月，他又公布了一项政策，即 Internet-Tax-Free-Zone，又称 Internet 免税区，即在全球范围内通过 Internet 所购销的商品不加税，包括关税和商业税。这个政策已得到加拿大、日本等国不同程度的支持，因此，Internet 免税区成为了世界上最大的自由贸易区。接着他又于同年 7 月 1 日签署了"全球电子商务框架"的报告，该报告系统论述了美国政府对电子商务的观点并确定了一系列指导美国政府行为的原则。新加坡从 1990 年开始，其外贸均须用 EDI 向海关申报，并从 1991 年起，该国的进出口业务全部废除书面文件，新加坡成为了世界上第一个在外贸上全面运用 EDI 的国家。

## 二、EDI 在中国外贸领域的运用和发展

### （一）EDI 在中国的应用情况

我国商务部国际贸易经济合作研究院计算中心建成的 EDI 应用平台，既减少了我国的经济损失，又加强了国家的宏观经济调控能力。此外，在外贸运输方面，商务部国际贸易经济合作研究院计算中心不仅成功地建立了 EDI 增值网络，还在国内外六个口岸及总部实现了国际标准的海运舱单、运费清单的 EDI，而且全面有效地解决了进出口货物的动态跟踪与查询问题，提高了服务质量，降低了运营成本。1997 年 4 月，天津港 EDI 中心正式开通，标志着国内港口实现了国际集装箱运输信息交换与集装箱运输转接。外贸企业建立 EDI 平台与国外客户正式传送订单的同时，也将 EDI 与电子数据处理（Electronic Data Processing, EDP）集为一体，为企业建立电子商

务环境奠定了基础。

1993 年 12 月，国务院批准成立国家经济信息化联席会议，协调建设我国的"三金"工程，这对我国的电子商务发展具有十分重要的作用。1996 年 2 月，我国外经贸部成立国际贸易 EDI 服务中心，组建中国国际电子商务网，该网络成为了集外贸管理、信息、服务于一体的国家统辖的外经贸专用网络。1998 年 7 月，该中心在互联网上建立了"中国商品交易市场"，成为"中国永不落幕的交易会"。为了加快 EDI 的发展，外经贸部信息化工作领导小组于 1998 年 6 月发出通知，要求各外经贸企业、自营进出口企业、三资企业及其他涉外企业，到 2000 年必须通过中国国际电子商务网以电子方式申领配额许可证。

可见，政府各职能部门已认识到了 EDI 应用的重要性，正想方设法推广应用 EDI，并付诸具体行动。

## （二）EDI 将是中国外贸进入国际市场的通行证

现代科技革命的实践证明，最新技术在经济领域的应用，不一定马上能缩短发达国家和发展中国家之间的差距。但如果这种最新技术在发达国家中能迅速推广，在发展中国家却由于社会、经济和其他方面的因素不能很快地投入应用，那么，这种新技术就有可能扩大发达国家和发展中国家之间的差距。EDI 技术就是这种类型的技术。如果我们对发达国家应用 EDI 的潮流无动于衷，则势必会拉大彼此之间的差距，甚至会难以维持彼此间原有的经贸关系。

大家可能对于 20 世纪 70 年代我国商品因没有条形码而被拒于超级市场之外的事情记忆犹新，而比条形码更早的集装箱运输，也是同样的情况。现在，EDI 已在全世界范围内迅速推广，这是当代高科技发展的必然结果，它从根本上改变了传统的外贸方式，已成为在发达国家中进行国际贸易的主导方式。而且，发达国家把是否使用 EDI 作为选择外贸伙伴的一个重要标准。1991 年，我国山东抽纱公司就是在美国客户的施压下，不得不迅速在自己的外贸业务中运用 EDI，其也因此成为了我国第一家运用 EDI 的外贸企业。

EDI 作为高新技术在外贸领域的应用，在客观上已成为一种新的贸易壁垒。我们应认真考虑 EDI 的应用问题，避免产生不必要的损失。

## 三、EDI 的应用是中国外贸体制更为根本的改革

在外贸领域推行 EDI 就意味着把外贸经营管理工作从传统的手工操作转移到现代计算机及其通信技术之上，它在成倍提高人们工作效率的同时，必然会在外贸经营的微观管理和宏观管理等方面产生改革需求。

### （一）EDI 的国际标准化特征有助于提高企业的经营效率

我国为了更好地推广 EDI，要求外贸企业对外贸单证简化、统一，并采用国际标准，从而提高企业的经营效率。以前，我国外贸企业所用单证格式不一，所用的代码与国际标准不一致，使得制单重复量大，容易出差错，而且速度慢，这给外贸公司管理工作带来了困难，影响了其经济效益。因此，EDI 的运用可以使外贸企业的经营管理工作转到"无纸化"领域。1990 年5 月，经贸部召开了《中文 EDI 标准研究工作研讨会》，1993 年由国家技术监督局组织编制《EDI 标准化总体规划》，制定并发布的 EDI 国家标准超过 90 项。处于改革开放前沿的上海，其 EDI 在功能开发上已初步完成了10 张单证（报验证、出口许可证、出口原产地证、进出口报关单、进出口航单、出口装箱单、进出口船图等），在市级 EDI 中心与 3 个行业分中心之间的试验性开通，实现了在任何 EDI 中心下的用户均可以进行本中心和其他中心的服务操作，完成规定单证的申报和审批等业务。

### （二）EDI 的开发应用可以使中国外贸的宏观管理体制更为有效

信息的收集、处理和交换是控制管理的基础。EDI 的运用使各个单位通

过计算机通信网络，迅速而安全地交流信息，使有关领导部门及时掌握全局的动向，进行宏观调控。从外贸的角度看，应用 EDI 可以把海关、商检、银行、外汇管理等部门联结起来，并且能和其他国家的相关部门和企业联网，这样就可以在外贸领域全面运用 EDI，进而建立一套科学而有效的外贸宏观管理体制。

（三）EDI 的开发应用将促进我国外贸企业实现现代化和国际化

EDI 技术很受西方发达国家的一些大企业及跨国公司欢迎，其中一个原因是通过应用 EDI，不但可以拥有先进的信息技术，而且其收益通常随着外贸伙伴的加入，外贸量的增加而呈递增趋势。另外，由于 EDI 可以使产品的生产、销售和售后服务等各个环节结合在一起，实现即时供应和无存货管理，使生产、仓储、运输、外贸、售后服务等各个不同行业的环节变成一个有机的整体，使外贸企业可以高效益、低成本、科学化地跨国经营。因此，EDI 可以为我国外贸企业开辟广阔的前景。例如，它能使外贸企业集团具有灵通的信息和高效的信息处理系统，能够更顺利地打入国际市场，开拓自己的外贸业务。

总之，随着我国经济的高速发展，通信设施的日益完善和 EDP 系统的普及，EDI 技术已成为商业、企业发展的现代化工具之一，引起了商贸等诸多领域的革命和人们生活方式的重大变革。因此，在我国外贸体制改革中引入EDI 是改革的关键，它能为我国外贸体制带来更为根本的、实质的变化。

# 第二节　我国外贸体制改革
# 深化之构想

## 一、计划的作用在进出口管理中淡出

我国在改革开放之初就制定了一系列的对外贸易制度和相关的法律，为对外贸易的腾飞打下了基础。我国在外贸方面的体制由计划经济转变为了市场经济体制。改革不但改变了计划经济的体制本身，同时对于与之相联系的一些法律法规、管理体制也进行了转变。

## 二、打破垄断，放开一部分经营权

中国对外贸商品、外汇、经营权曾有多种限制，但80年代开始的对外经贸政策对于招商引资以及"三来一补"在一定程度上进行了改革，使得我国劳动力资源优势得到了充分发挥，这在一定程度上改变了部分企业由于资金原因无法合理利用劳动力的现状，有利于化解由于当时我国在国际市场中地位不高而给我国对外贸易带来的风险。

## 三、双重汇率与关税减免政策相结合支持贸易的发展

在改革转轨时期，中国实行了选择性的双重汇率、高关税和大量的关税减免等特殊政策手段。但在80年代初，中国较高的内部结算汇率也提高了进口成本，抑制了进口，从而导致进口由盈变亏。这不利于我国经济的发展，我国经济在20世纪80年代的发展速度方面很大程度上取决于生产所需原

材料的进口能力。中国在实际征收关税时采用了对进口各大外贸总公司实行"集中纳税"的办法，这也为之后的"议价纳税"创造了条件。

## 四、适应出口结构调整，进行融资体制改革

在转轨时期，外贸体制的调整对外贸，特别是出口的发展采取了放松管制的方式，为产业结构的调整创造了便利，刺激了出口的增长。

## 五、汇率制度的改革和外汇留成

我国对外贸易由政府管理，国家统一收支外汇，所以汇率仅仅是国家管理的一种核算工具，无法调节进出口问题。建立相关的外汇调剂中心，有利于发挥汇率在贸易发展方面的作用。以前，由于我国采用双重汇率政策，外贸企业可以通过双重政策获得更高的利润，有利于激发外贸企业进出口的积极性。

1994 年 1 月 1 日，我国取消双重汇率制度。之后，我国实行了以市场为前提、有管理体制的单一汇率机制，并取消了外汇上缴等制度，建立起以各家银行为基础的外汇市场，改变了人民币的形成机制，不再颁布外汇收支指令，对于国际收支和外汇只进行一定程度的调控。

## 六、进行税制改革

我国逐步降低关税，开始贸易自由化。降低关税率，提高实际征收额，增加透明度是关税体制改革的重要方向。实行的新税改解决了过去因企业隶属关系不同和所处地区不同而受到的不平等待遇。创造了平等竞争的条件，同时还理顺了外贸行政管理部门与企业的关系，推动外贸企业的经营行

为转向主管行政部门负责。进行出口退税与流转税改革，实现了从包税制向分税制的过渡，从而确保了退税的落实。另外，我国还对外资企业制定优惠税收法律和政策。1991 年，全国人民代表大会通过了《中华人民共和国外商投资企业和外国企业所得税法》（现已废止），随后国务院颁布了《中华人民共和国外商投资企业和外国企业所得税法实施细则》，该细则规定：外国企业在中国境内设立的机构、场所取得发生在中国境外的与该机构、场所有实际联系的利润（股息）、利息、租金、特许权使用费和其他所得已在境外缴纳的所得税税款，除国家另有规定外，可以作为费用扣除。

# 第三节　当前时代的外贸
# 体制建设

我国的外贸体制建设在经济全球化时代面临较多困难，既要与国际惯例接轨，又需要保持一定的差异和特殊性。管理和协调服务贸易的法规、机构、人员等方面的建设要尽快提上日程，外贸体制建设必须与金融体制建设形成有机整体，相互促进。

当我国进行外贸体制建设时，首先应当正确认识这个时代，明确时代特征及其对外贸体制的要求。当前，对我们处在什么样的经济时代的解答有多种多样的说法。其中主要有经济全球化（一体化）时代、经济市场化时代、经济自由化时代、经济服务化时代、经济金融化时代等。这些说法各有其侧重点，也各有一定的道理，不同的时代特征对外贸体制建设的要求也各不相同，下面笔者对这些时代特征下的外贸体制建设分别加以说明。

# 一、经济全球化时代的外贸体制建设

## （一）经济全球化的内涵

"经济全球化"一词，最早出现在泰奥多尔·莱维特（Theodore Levitt）于 1985 年在《哈佛商报》上发表的一篇名为《市场的全球化》的文章中，用于说明此前 20 年间国际经济发生的巨大变化，即商品、服务、资本和技术在世界生产、消费和投资领域中的扩散。1997 年，国际货币基金组织（International Monetary Fund, IMF）在报告中指出："全球化是指跨国商品与服务贸易及国际资本流动规模和形式的增加，以及技术的广泛迅速传播使世界各国经济的相互依赖性增强"。经济合作与发展组织（Organization for Economic Co-operation and Development, OECD）认为，经济全球化可以被看作一种过程，在这个过程中，经济、市场、技术与通信形式都越来越具有全球性，民族性和地方性在减少。我国经济学家萧灼基从生产力运动和发展的角度分析，认为经济全球化是一个历史过程：一方面在世界范围内各国、各地区的经济相互交织、相互影响、相互融合成统一整体，即形成"全球统一市场"；另一方面在世界范围内建立了规范经济行为的全球规则，并以此为基础建立了经济运行的全球机制。在这个过程中，市场的力量成为经济运行的核心，市场规则一统天下，生产要素跨越国界，在全球范围内自由流动和优化配置，从而使各国、各地区经济相互融合、密不可分并共同发展。

## （二）经济全球化的发展历程

经济全球化作为一种人类社会演进的必经过程，它的起点可以追溯到 15 世纪新航路的开辟，新航路的开辟使世界开始连成一个整体。随着市场经济的全球化扩张和工业时代的不断发展，经济全球化成为国际分工和世界市场走向成熟的必然趋势。进入 20 世纪后，计算机的普及、科技的飞速发展和跨国公司的国际化经营加速推动了经济全球化进入新的发展阶段，但在其高速发展过程中积累的各种矛盾也逐渐爆发，经济全球化因此进入当前的深度调整期，即"深度全球化"时期。

具体来说，笔者认为经济全球化的发展历程可以分为四个阶段，它在前三个阶段的发展与资本主义经济的发展相伴并受到资本主义国家的主导，在第四个阶段的发展随着新兴经济体和发展中国家的崛起开始呈现新的趋势。

第一阶段，世界市场形成时期（15世纪至19世纪末20世纪初）。在15世纪，商品经济的发展促进了欧洲资本主义产生和资本的原始积累。1492年哥伦布在开辟新航路过程中发现了美洲大陆，资本主义开始在世界范围内传播和扩张，经济全球化进程由此开始。16世纪以来，欧洲人大规模的海外殖民扩张活动加速了世界各国的经济交往，并进一步刺激了资本主义经济的发展。到了18世纪中后期，英国工业革命推动了其社会生产力的迅速发展，在资本主义国家开辟市场、销售商品的过程中，世界市场初步形成，随后的第二次工业革命促进了世界市场的最终形成。在这一时期，世界各国经济联系大大加强，国际贸易量大幅提高，海外直接投资扩大，经济全球化获得初步发展。

第二阶段，曲折发展时期（20世纪初至20世纪40年代末）。这一阶段，两次大规模战争和资本主义经济危机的爆发在一定程度上阻碍了经济全球化的进程。一些国家形成社会主义阵营并开始实行大规模的计划经济，资本主义各国纷纷实行高关税的贸易保护主义，这些因素使得经济全球化进程放缓，也破坏了各地区之间的经济交往。

第三阶段，迅速发展时期（20世纪50年代至21世纪初）。1945年后，以信息技术和新能源为代表的第三次科技革命将工业化进程引向新阶段，而亚非拉国家纷纷追求民族独立，开始与资本主义发达国家建立独立、平等的经济关系并积极承接资本主义国家的产业转移。这一时期国际贸易得到了空前发展，贸易增长率甚至超过了经济增长率，而跨国公司的全球化发展将国际分工和国际经济关系推进到了一个新阶段。因此，这一阶段是经济全球化向纵深发展的阶段。

第四阶段，深度调整与完善时期（21世纪初至今）。随着次贷危机引发的全球性经济危机的爆发，全球经济增速放缓。以我国为代表的新兴经济体通过经济体制转轨、改革获得的人口红利和后发优势等逐渐丧失，面临着较严重的经济下行压力。此外，新兴经济体日益崛起，并对资本主义发达国家主导下的国际经济组织和经济格局愈发不满，寻求建立新经济体系。这就引发了新旧经济秩序交替下发展中国家与发达国家、发展中国家之间的重重矛盾。再加上国家疆域、国家主权、关税和非关税、区域经济集团等诸多因素，限制了生产要素在世界范围内自由流动和配置的速度，也使得经济全球化进程逐渐放缓。这一阶段是经济全球化深度调整和完善的阶段，如何成功开发新的经济增长动力、建立世界经济新秩序、缩小发展中国家与发达国家之间的贫富差距、建立牢固的国际经济合作，成为了经济全球化均衡纵深发展亟待解决的问题。

## （三）经济全球化背景下的外贸体制建设

经济全球化为我国的外贸体制建设既提供了良好机遇，又提出了严峻挑战。所谓良好机遇主要是指，全球化使世界经济融为一体，尤其是使我国的经济融入世界经济之中，形成你中有我、我中有你、相互依存、相互促进、相互制约的荣辱与共的态势，这就为我国外贸体制与国际惯例接轨奠定了前提和基础。既然有了共同利益的前提和基础，也就易于形成有共性的外贸体制的基本框架，使我国的外贸体制建设具有参照系，将更快形成既具有我国特色的又与国际惯例接轨的外贸体制。值得注意的是，我国的经济体制与西方发达国家的经济体制不一样，这就决定了我国的外贸体制建设在经济全球化时代将面临较多的困难，既要与国际惯例接轨，又不得不保持一定的差异和特殊性，必须在困难中兼顾国内与国外两方面，在矛盾与摩擦中向前推进我国外贸体制建设。

## 二、经济市场化时代的外贸体制建设

邓小平曾指出："市场经济，在封建社会时期就有了萌芽。"经济市场化始自封建社会末期自然经济开始解体之时。从那时起至今大约 500 年时间，市场经济的发展经历了三个阶段，即重商主义的市场经济、亚当·斯密（Adam Smith）的"看不见的手"的自由市场经济和约翰·梅纳德·凯恩斯（John Maynard Keynes）的政府干预的市场经济。这是时间上先后继起的三个时期，同时又是空间上并存的三种不同类型的市场经济。从市场与政府的关系看，这三种类型的市场经济又是否定之否定的关系或肯定之肯定的关系。亚当·斯密的自由市场经济是对重商主义市场经济的否定（第一个否定），而凯恩斯的政府干预的市场经济又是对亚当·斯密的自由市场经济的否定（第二个否定）。这个否定之否定的过程，是市场经济螺旋型上升发展的过程。今天的市场经济，无论是西方的，还是我国的，都是政府干预型的市场经济，因而在本质上属于凯恩斯主义的市场经济。

不同类型的市场经济中有着不同的外贸体制。

重商主义市场经济中的外贸体制强调国家对外贸企业的支持和干预，外贸为国家赚取更多的金银货币。外贸企业要求国家颁布严格的法令，禁止输出金银货币；要求外国商人在国内所赚的钱必须留下，不准带到国外；国家采取高额关税保护政策，限进奖出，保护民族工业；国家铸造足值的货币，杜绝假币或不足值的货币流通；国家大力发展海军，组织庞大的海军舰队，配合和支持大型商船队开辟国际市场。由此可见，这时的外贸企业与国家可以说是命运共同体，它们相互依赖、相互支持。

在亚当·斯密的自由市场经济时期（1776—1936 年），虽然外贸体制有较多的灵活性，外贸企业是国际市场的真正主体，但是，国家的干预和保护也是存在的。国家对外贸企业的保护首先表现在国家之间的外贸战上。各国不仅用军事手段为其外贸企业抢占更多的国际市场，还用高额关税限制外国商品的进入，以保护本国国内的市场不被外国抢占。关于这一点，在有关经济自由化时代的外贸体制建设论述中再细致分析。

在凯恩斯主义的市场经济时期（1936 年至今），随着"无国籍"的跨国公司的崛起和诸多国际经济协调机构的运行，使各国的外贸体制更加分权化，企业成为了真正的市场主体。企业不再单纯经营外贸，而是形成贸、工、农或贸、工、科一体化，甚至贸、工、金一体化，即外贸与生产、科研、金融结合成共同体。外贸企业虽然能够主动地在全球任何地方进行创业与经营，但是，它们仍然在一定程度上依附于国家政府。在外贸体制建设中，如何厘清外贸企业与国家政府之间的关系是至关重要的，如何在外贸体制建设中处理好这个关系也是一个挑战。

应当指出，在全球经济市场化的趋势下，我国外贸体制建设面临的挑战比其他发展中国家更加严峻。这是因为，其他发展中国家大多是市场经济国家，外贸体制的市场经济基础早已存在，它们面对的主要是如何完善的问题。而我国不同，我国要创立适应市场经济的外贸体制，不得不首先解决外贸体制的经济基础如何由计划经济向社会主义市场经济转变的问题，只有较好地解决了这个问题，才能顺利地实现外贸体制的根本转变。我国有句古训："不破不立"，如果不破除旧的经济体制，那就不可能创立新的市场经济体制。而要完成这"破"与"立"，对我们来说当然是一个十分艰巨的任务。无论原来是市场经济的国家，还是原来是计划经济而目前正在向市场经济转变的国家，都在积极推动市场经济的发展，这是全球各国的共同趋势与走向。这个共同的市场经济基础决定了各国的外贸体制也正在趋同化。也就是说，各国的外贸体制都是市场经济下的外贸体制。当然，各个国家又有不同的经济、政治、文化和历史背景，其外贸体制也有自己的特色，盲目照搬外国的外贸体制也行不通。在世界经济市场化大潮的冲击下，在各国外贸体制趋同化的面前，如何创立我国外贸体制的特色，使我国的外贸体制有别于其他国家的外贸体制，也不是轻而易举的，甚至可以说是相当困难的。

# 三、经济自由化时代的外贸体制建设

经济自由始自资本主义的市场经济。自由、民主、平等、博爱，是市场经济中的等价交换原则在意识形态领域中的反映；或者说，市场经济及其等价交换规律（价值规律）是自由、民主、平等、博爱的经济基础。列宁指出："搬弄关于自由、平等和民主的笼统词句，实际上等于盲目背诵那些反映着商品生产关系的概念。"马克思曾明确指出，商品是天生的平等派与自由派。因此，市场经济必然是自由化的经济。经济的市场化与经济的自由化不过是同义词的反复而已。不仅如此，二者的高低程度也是成正比的。市场化越高，自由化也越高；反之亦然。西方发达国家的经济市场化程度很高，因此，其经济自由化程度也很高。与此不同，我国正处于经济体制转轨时期，经济的市场化程度相对较低，因而经济的自由化程度也不高。这种情况为我国外贸体制建设既提供了机遇，又提出了挑战。所谓机遇，就是发达国家的经济自由化，尤其是它们的贸易自由化可以作为我国创立自由化外贸体制的参照系，它们的经验教训可以使我国少走弯路。但是，发达国家的经济自由化尤其是它们的贸易自由化又给我国造成了巨大的压力，它们往往要求我国的自由化程度与他们一致。而事实上，我国目前还达不到这些发达国家要求的贸易自由化程度。

马克思说："在商品交换中，等价物的交换只存在于平均数中，并不存在于每个个别场合。"以按劳分配这种等价交换来说，以劳动这个尺度衡量所有的人，不管什么人，你提供多少劳动，就给你多少报酬，大家一律平等；但是，每个人的体力、脑力是不同的，如果按同一个尺度（标准）要求他们又是不平等的。正如马克思指出的，"在这里平等的权利按照原则仍然是资产阶级的法权""这种平等的权利，对不同等的劳动来说是不平等的权利"。同理，对自由贸易、自由交换也应当这样评判。这里所说的"自由"是以等价交换为标准的，是以等量劳动与等量劳动相交换来衡量的。在等价交换面前，人人是平等的、自由的，谁都可以买东西，谁都可以卖东西。但是，生产同种商品的不同所有者所处的条件又是千差万别的，有的国家条件优越，有的国家条件差。在国际交换中更是如此，发达国家与发展中国家生产同种商品所耗费的劳动大相径庭。如果按同一尺度衡量，有的国家赚钱，有的国家则亏本。这种情况说明，我国的外贸体制建设不能盲目追求所谓的抽象的自由贸易，必须从我国的实际情况出发，对于早期的产业一定要有适当的保护，以免发达国家在自由贸易的幌子下将其冲垮。纵观世界贸易史，凡强者都要求贸易自由，凡弱者都要求贸易保护。贸易自由与贸易保护的斗争在国际上此起彼伏、连绵不断已经几千年了。国际贸易史，也就是贸易自由与贸易保护不断斗争的历史。我国在进行外贸体制建设时，一定不能忽略历史。

当然，当今世界的主流是自由贸易。我国虽然要求贸易保护，但是不应逆世界主流而行。我国的贸易保护应当是适度的、有时限的、有利于经济发展的，不能是无限的、阻碍经济发展的，贸易保护的范围、程度和手段应当逐步弱化。

## 四、经济服务化时代的外贸体制建设

人类社会在经历了农业经济时代和工业经济时代之后，正在迈向经济服务化时代。也就是说，国民财富的创造，主要依赖于服务业。这个新的历史趋势标志着服务经济时代的来临。

随着服务产业的崛起，国际间的服务贸易也迅猛发展。所谓国际服务贸易是指服务产品在国际间的有偿流动过程（或者说等价交换过程）。服务业的发展是服务贸易发展的深厚基础，是服务贸易发展的主要产业支柱。近50年来服务贸易之所以迅猛发展，最根本的原因是各国国内的服务业的崛起和发展.1997年，WTO通过了三项重要的服务贸易方面的协议，即《基础电信协议》《信息技术协议》《金融服务贸易协议》，又在2000年发起了"千年谈判"，重点解决各国服务业开放和服务贸易问题。这些重大行动促进了服务贸易的发展。长期以来，在国际贸易中，都是以商品货物贸易为主，服务贸易为辅。但现在的国际贸易已迈入商品货物贸易与服务贸易并重的阶段，进而最终将会达到以服务贸易为主，商品货物贸易为辅的阶段。这种趋势体现着国际服务贸易发展的方向，是我国外贸长期努力奋斗的目标。

同服务贸易的迅猛发展相比，我国的外贸体制建设显得相对滞后。过去，我们总是把外贸局限在商品货物的贸易方面，忽视或轻视服务贸易，直到1994年，我国政府提出了"大经贸"战略。"大经贸"战略就是实行以进出口贸易为基础，商品、资金、技术、服务相互渗透，协调发展，外贸、生产、科技、金融等部门共同参与的外贸发展战略。我们可以看出，当时我国的外贸范围已经扩大，甚至包括服务行业，但是大部分企业的重心还是放到了货物商品的外贸上。随着我国对外开放水平的提高，政府应引导国内企业转变原有观念，树立服务贸易意识，把服务贸易放在企业发展的重要位置，这样我国的外贸体制建设才能跟上时代的步伐。

## 五、经济金融化时代的外贸体制建设

经济的金融化源于经济的商品化、市场化和货币化。随着商品经济、市场经济和货币经济的发展，经济金融化时代已经到来。

在商品经济或市场经济中，社会财富表现为庞大的商品堆集。商品和服务具有使用价值与价值二重形态，因此，社会财富也就具有二重形态，即使用价值形态或实物形态与价值形态或货币形态。从使用价值与价值的统一性（同一性）的视角考察，两种形态的社会财富应该相等；如果从使用价值与价值的矛盾性（对立性）的视角考察，价值形态的社会财富（货币资产或称金融资产）可能大于实物形态的社会财富。纸币出现后，由于大量超额发行纸币，价值形态的社会财富会迅速膨胀。股票、债券、期货以及其他各种有价证券的大量出现，尤其是当代各种金融衍生品的问世，使得货币资产的面值额急速膨胀，虚拟成分几倍、几十倍甚至几百倍地膨胀，因而货币资产大大多于实物资产。在这种情况下，追逐货币资产（金融资产）已成为一种时尚。在以追求和扩张货币资产为主要特征的金融经济时代,似乎做任何事情都必须紧紧围绕着金融这个神经中枢与核心。

我国在经济金融化时代的外贸体制建设,首先,要将外贸与金融融为一体,使外贸企业成为真正的自负盈亏的法人单位。凡国有外资企业,国家要注入足够资金,而企业要保证保值增值,不以偷税、漏税、套汇等手段占用国家的资金。国家、外贸企业与金融企业三者之间应建立良好的金融关系。其次,外贸企业要有国内外一体化、网络化的结算体系,而金融部门对此负有不可推卸的责任。在资金结算方面,无论是中国银行,还是进出口银行,目前只能提供卖方信贷,而很少提供买方信贷,这是因为它们对买方不了解,不敢去担保。要使我国产品走向世界,没有金融先行是不行的,没有全球化的结算网络也是不行的。最后,外贸企业的风险尚无较妥善的解决机制。如利息风险,外汇风险,自然灾害风险,以及社会动荡、政治动荡给外贸企业带来的风险,都需要金融部门协助解决。总之,我国的外贸体制建设必须与金融体制建设形成有机整体,相互配合,相互促进,良性循环。


# 第四节 政府在中国外贸体制建设中的
# 地位与作用

1978 年改革开放以来,我国外贸体制建设主要经历了从高度集中、国家统制到简政放权、政企分开,而后实行企业承包、财政包干,又从取消补贴、自负盈亏到实行现代企业制度、以宏观调控为主的阶段。贯穿于其中的一条主线是:从高度集中的计划经济体制和国家垄断的外贸管理体制向社会主义市场经济体制过渡,并与国际经济通行规则接轨的指导思想。在按照这一指导思想建设我国外贸体制时,市场占据了越来越主要的地位。那么,政府在其中又应处于何种地位？又会起到什么样的作用呢？

# 一、计划经济时期中国外贸体制中政府的地位与作用

众所周知，从中华人民共和国成立到改革开放前，我国的外贸体制是高度集中的国家垄断外贸管理体制。当时我国外贸体制的理论基础是国家统制，即列宁对外贸实行的国家垄断思想。在此思想基础上，我国根据建国初期国内的经济形势和特殊的国际政治经济环境，决定对外贸实行国家专营，并在《中国人民政治协商会议共同纲领》中规定了"对外贸易的国家统制"。

从中华人民共和国成立到 1955 年以前，虽然我国还保留了私营进出口商，但是国营外贸一直占领导地位，实行的是外贸管制政策。1956 年，国家完成对私人外贸企业的社会主义改造后，外贸全部集中在外贸部所属公司经营。国营外贸在整个外贸中的比重从 1950 年的 66.80%上升到 1957 年的 99.90%，基本上形成了外贸国家统制的体制。在这一阶段，国家在接管外国资本和官僚资本的进出口企业的同时，建立了国营的外贸公司，外贸由分散向集中、由私营向国家统制的方向转变，政府在外贸体制中处于领导和统制的地位，这是不言而喻的。

后来，中共中央于 1958 年 8 月发布了《关于对外贸易必须统一对外的决定》。所有外贸均由外贸部所属总公司和各口岸外贸机构统一经营，其他各部门、各地区的任何地方和任何机构不允许做进出口买卖。这种高度集中的外贸体制一直延续到 1978 年。

回顾这段历史我们不难看出，高度集中、以行政管理手段为主的外贸国家统制，在当时我国生产社会化程度较低且受国际环境限制的历史条件下是非常必要的，它在国民经济有计划地恢复和发展、集中利用有限的物质资源、扩大出口、统一对外以及抵抗外来压力等方面均起了极其重要的作用。特别是针对帝国主义国家的经济封锁，高度统一集中的外贸体制不但是十分必需的，而且是历史的必然产物。在这种体制下，政府从生产力布局到生

产、投资和分配等方面都要作出决定，即由政府代替市场的职能，规定具体的外贸企业的目标、分配资源以及将进口的产品分配给消费者，因此，外贸的一切经济活动的有关决定不是出于企业，而是出于政府部门。当时外贸的主要目的是和世界上的社会主义国家"互通有无""调剂余缺"。

综上所述，我国政府在外贸体制建设中的地位是举足轻重的，其作用也是极其重要的。但是，随着社会生产力的提高，原有的外贸体制已越来越不适应社会经济发展的需要，它不仅不能促进生产力的发展，还束缚了外贸企业、地方企业和广大职工的创造活力，挫伤了他们的积极性。在全国改革开放的形势下，外贸体制改革也逐渐拉开了新的序幕。在社会主义市场经济条件下，外贸体制中政府的地位和作用发生了重大的变化。它的主要作用是实行宏观调控，管理的手段也已由行政手段让位于经济和法律的手段。这些变化都是由政府在市场经济中地位的改变引起的。

## 二、市场经济下外贸体制建设中政府的地位与作用

### （一）市场经济中，政府处于宏观调控的地位

"市场失灵"的存在，客观上要求政府对市场机制进行某种程度的干预。然而实际上，由于政府也处于不完全竞争的市场之中，其难免也存在一些缺陷，如政府的过度干预和政府的无效干预，以至于出现妨碍市场机制正常发挥功能的可能性。因此，为了使政府既准确又有效地干预经济，就必须限制政府干预经济的领域与范围，同时尽可能提高政府干预经济的质量与效率。如何从本国的实际情况出发，把市场机制和政府调控有机地结合起来，使政府的有效干预符合市场的客观原则，尽量克服"市场失灵"，以利于社会经济的稳定发展，这才是关键问题所在。因此，政府在市场经济中应有的地位和发挥的作用不但是不容忽视的，而且是必须强调的。在市场机制发挥作用的同时，政府为减少市场的负效应，就要对经济进行宏观调控。政府实行宏观调控的总目标是保证国民经济增长过程中的总供给与总需求的平衡，以

促进国民经济的稳定和均衡发展。在市场经济中,一些宏观经济变量对于国民经济的稳定运行具有决定性的意义,如财政收支总额、信贷总额和外汇收支总额的确定和控制,这些都不是市场力量所能决定的,只能由政府根据市场动态和经济稳定的需要进行宏观调控。政府将通过财政政策、货币政策、收入政策、产业政策和就业政策等措施实行宏观调控,以达到经济增长、就业增加、物价稳定和国际收支平衡这四个具体目标,并实现国民经济发展的总平衡。

### (二)市场经济中,政府的作用是减少市场的负效应

市场经济是由市场力量为主来决定资源配置的一种有效的经济体制。从世界各国半个多世纪的实践来看,市场在配置资源、促进社会生产力发展方面的有效性是显而易见的。市场机制按照价值规律,可以不断地、全面地和有效地调整资源配置,使其从非优状态进入优化状态,这只"看不见的手"激励着人们为经济效益的获得和提高而劳作,这是市场的正效应。但我们还应清楚地知道,市场和任何事物一样,也存在着二重性。由于市场的信息不完善,且现实中也并不存在完全竞争的市场,因此,市场在调节整个经济运行的过程中带有一定的盲目性。现实中市场的存在都是以不完全竞争为前提的,因此,市场虽然通过供求关系和价格机制可以自动调节微观供需平衡,但不能解决总需求和总供给的平衡问题;市场可以降低成本以提高自己内部的经济效益,但解决不了"外部不经济"(经济活动给他人或企业造成损失而他者却不能得到补偿的现象)的问题;市场可以提供众多的商品供消费者使用,但无力且也不能进入生产公共产品的领域;市场可以形成规模经济,但不加限制的生产集中易造成垄断;市场可以创造高效率经济,但无力解决分配不公的社会矛盾;等等。诸如此类的问题,都是市场的负效应,即西方非均衡理论中所说的"市场失灵"。如何减少市场的负效应,这个难题要由政府来解决。

# 三、今后中国外贸体制建设中政府如何发挥作用

　　面对世界经济全球化的趋势，面对竞争激烈的国际市场环境，作为发展中国家的中国，应更清楚地认识到自己的优势与劣势，借鉴各国经济发展的经验，扬长避短，有效地利用本国的要素禀赋，积极参与国际市场的分工，在市场深化与结构转化中稳步发展外贸，引导市场向均衡发展。

　　我国外贸体制改革经过几十年的风风雨雨，已进入新阶段，整个外贸运行机制已发生重大的变化：国有企业改革正在稳步推进；国家指令性计划已改为指导性计划；企业外贸经营权实现了依法备案登记制。在我国外贸体制改革的不断深化中，政府的职能已大大转变，由政府直接管理外贸企业的现象已越来越少。社会主义市场经济中"看不见的手"在发挥着主要作用，而政府的职能正朝着综合和协调运用各种经济杠杆、法律手段为主，行政手段为辅的间接调控体系转变。在发挥市场机制作用与加强政府宏观调控能力的同时，使市场机制与政府调节有机地结合起来，从而达到社会资源的最优配置以促进外贸的稳定增长和均衡发展，使外贸的增长速度、规模和结构更有效地反映国民经济发展的总体情况，这也是政府在外贸体制建设中发挥作用的体现。

　　政企分开是深化外贸体制改革的关键，企业经营体制的转变是外贸体制的根本转变。政企分开后如何加快外贸国有资产管理体制改革至关重要，而国际通行的现代企业制度则是外贸企业深化改革、转换经营机制的必由之路，也是形成市场调节为主的资源配置方式的基础。外贸国有企业的改革已在政府有关部门的监督管理下进行，除少数关系到国计民生的外贸企业仍为国有企业外，其他大部分外贸企业依照有关法律也可拥有自营进出口权。放松对企业经营活动的直接控制，增强企业适应市场的能力，让市场机制更好地发挥作用，这是政府在市场经济条件下的明智之举。市场经济下的国家干预经济，使政府作为一个经济主体进入了经济体系。政府管理的作用依然存在，只不过是方式有了重大改变——由直接变为间接，由微观管制变

为宏观调控。政府可通过以下措施发挥宏观调控的作用。

## （一）加强法律手段是发挥政府宏观调控作用的前提

国家能够垄断强制性权力，国家的资源能够通过购买而取得，法律的管理能够存在，这是现代国家的三个制度特征。市场经济是法治经济，只有在一个稳定、公正、合法的政策环境中各个经济主体才能进行有效的、长期的经济活动。国家制定法律，政府颁布条例。政府、企业和个人都要依法办事，违法就要受到处罚。

理论和实践都表明，法律的制定和执行对一个国家的商业环境是非常重要的，而商业环境又直接影响着一个国家吸引外资的投资环境。1994年《中华人民共和国对外贸易法》的颁布实施，标志着我国的外贸管理与经营开始走上法治化的轨道。在此项法律的基础上，我国于1997年3月25日又颁布了《中华人民共和国反倾销和反补贴条例》，这意味着我国正式建立了与国际经济通行规则接轨的反倾销和反补贴机制。其他相关的配套法规和细则，也在陆续颁布和施行，一个良好的法律氛围正在我国形成。在借鉴国外经验的基础上，2002年，我国对外经济贸易部颁发了《对外贸易壁垒调查暂行规则》。《全国人民代表大会常务委员会关于修改<中华人民共和国对外贸易法>等十二部法律的决定》于2016年11月7日第十二届全国人民代表大会常务委员会第二十四次会议通过，自公布之日起施行。

制定法律，实际上就是制定一套大家都应共同遵守的"游戏规则"。政府既然被看作是"裁判员"，就要依照规则进行裁决，不能营私舞弊，也不能越位管理。政府的地位决定了其应起的作用，即按照法律办事，为企业提高市场竞争力创造一个良好的政治环境和经济环境，这也是政府在市场经济中发挥宏观调控作用的一个重要前提。失去这样一个前提，市场经济会成为混乱经济，一切效益与公正都无从谈起。而制定法律和执行法律这样的大事，也只有国家和政府才能做到，这也是国家和政府独有的、不可替代的作用。

国内外大量事实证明，只有依靠加强各方面有效的管理（包括各种有力的监督）和加强法治建设，才能切实把不利的影响降低到最低程度，以保证经济的高速发展和社会秩序的稳定和谐。

## （二）运用经济手段是政府宏观调控的主要方法

在市场经济条件下，运用经济手段是政府发挥宏观调控作用的最主要的方法。在外贸体制中，政府使用的经济手段主要是汇率、税率的调整和财政、金融措施等政策工具的使用。

### 1.汇率

汇率是政府实施贸易政策的重要工具，是一个国家经济发展与稳定以及与国际经济密切相关的"晴雨表"。政府在不同汇率制中实行政策调整或政策引导，都将使汇率变动，并对国家的进出口贸易收支产生调节作用。因此，政府在汇率方面所做的调整或引导既要考虑国家的政治因素，又应遵循市场经济的规则。目前，汇率市场化是不切实际的，对管理浮动汇率制而言，政府在汇率引导方面所进行的外汇市场干预，只能减少汇率的短期波动，而不能改变汇率的长期趋势。政府干预外汇市场的程度，最终还取决于国内经济的发展与稳定程度、本国外汇储备规模和当时的国际政治环境。随着社会主义市场经济体制的不断完善，政府应尽量减少对外汇市场的行政干预，更多地运用经济杠杆对外汇市场进行调节。

### 2.税率

关税税率是关税政策的具体体现以及关税职能发挥作用的形式。国家通过提高或降低关税税率调节外贸，调整本国与其他国家的经济关系。关税税率的调整是我国关税改革的重要内容之一，也是政府干预经济的一个政策工具。从1992年1月1日起，我国多次主动降低商品的进口关税税率。多次自主降低关税税率，是深化外贸企业改革的需要，是国内价格体系进一步与国际市场价格体系接轨的需要，也是协调外贸管理体制改革进程的需要。我国降低关税税率主要是从改革与开放的实际进程和客观要求出发的，同时也考虑到了履行加入WTO的承诺和与国际多边外贸体制接轨的问题。笔者认为，今后政府在关税调整方面，还应考虑到整个国家的产业政策。在外贸体制中，关税调整只是全国一盘棋中的一个"棋子"，因此，根据国家产业发展的实际情况，政府相关部门应依照产品的比较优势，形成从投入品、中间产品到最终制成品的由低到高的梯形关税结构，真正使关税调节这一个政策工具为产业政策服务，既达到用关税保护本国产业的目的，又不违背国际通行规则。

### 3.出口信贷

对出口产品的生产和销售企业发放优惠低息贷款，是国家促进出口的重要措施。我国实行有利于外贸出口发展的信贷政策，设立了出口商品发展基金和风险基金。1994 年我国成立了中国进出口银行，对货物出口企业提供信贷支持，对出口贸易提供风险担保。这些政策性贷款措施，由专业性的出口信贷银行和国家担保机构负责，提供专项外汇资金，实行弹性贷款利率，使我国开展出口信贷业务和担保业务有了可靠的保障，特别是对于扩大成套设备和大型机械装备出口起到了积极的推动作用。今后，根据市场经济发展的需要，国家在实行出口信贷措施方面，除了对国有企业实行优惠贷款，还应考虑加大对信誉好、有市场前景的民营企业和私营企业的贷款力度，以促进国家出口的繁荣。

### 4.出口信用保险

实行出口信用保险制度是国际经济通行规则之一，也是衡量一个国家对外开放水平的重要标志之一。出口信用保险是以国家财力为后盾的政策性保险，是完善我国外贸宏观调控体系的重要方面。我国的出口信用保险业务发展时间较短，因此有必要结合市场发展规律，借鉴国外成熟的出口信用保险发展模式，以谋求自身的出口信用保险业务可持续、健康发展。出口信用保险业务最显著的特点是由国家指定单位机构经营，市场上的商业保险公司不具备出口信用保险经营权。而在一些发达国家，出口信用保险业务市场规模较大，不仅有国家机构经营，部分商业保险公司也承办出口信用保险相关业务，通过市场竞争的方式不断完善经营模式。针对短期出口信用保险的商业化发展趋势，我国应对保险业务授权点进行评估和调整，鼓励手续齐全、资金雄厚、声誉较好的商业保险公司申请承办出口信用保险业务，尝试开展商业保险公司进行出口信用保险业务经营，从而创新经营模式，建立国家出口信用保险和商业出口信用保险合作发展新模式。

### （三）使用行政手段是政府发挥宏观调控作用的辅助形式

在社会主义市场经济条件下的外贸体制中，政府的行政手段已逐渐成为宏观调控的辅助形式。需要强调的是，广泛采用现代信息技术实行行政管理是今后外贸体制改革的方向。随着世界进入知识经济时代，国际上商业信息自动化管理已成为显著趋势，EDI 形式已渗透外贸、管理等各个领域并形成网络化。目前我国的海关、外贸等企业和事业单位也在运用 EDI，不过我们应充分认识到，对计算机系统和网络的进一步开发，可以带来更多的经济效益和社会效益。由于此类开发需要大量的前期投入用于科研及软、硬件开发，高额的成本使企业望而却步。因此，政府一方面需要大力宣传使用计算机系统和网络的趋势和优势，另一方面要进行一定的投资，完善外贸管理的计算机系统和网络系统，为今后外贸工作信息化、自动化的进一步发展打下基础。这样，既能提高我国企业的自动化管理水平，又能提升政府的管理运作效率。

经过几十年的实践，我国外贸体制与改革前相比已经发生了重大变化。从表面上看，政府在外贸体制中好像已经"退居二线"，但实际上，政府的地位比以前更加重要。政府要掌握整个国民经济发展的动向，要考虑全国外贸的平衡发展，要制定相应的法律、法规和政策，要用经济手段调动国有外贸企业、民营外贸企业、合资外贸企业以及私营外贸企业等一切从事外贸业务的企业的积极性，等等。值得注意的是，只有实行了真正的政企分开，政府才能有时间、精力来认真考虑自己应该处于什么地位，发挥以经济手段和法律手段为主、行政干预手段为辅的间接宏观调控作用，在外贸体制中发挥适度、有效保护和激励企业（产业）的作用，起到促进、推动各类外贸企业正常发展的作用，使我国的外贸体制既符合社会主义市场经济体制的要求，又适应国际经济通行规则的运行机制。

# 第六章　中国外贸与区域经济
# 发展的研究

## 第一节　浅谈区域经济

区域经济发展既要借助要素的力量和投资方的力量，还需要借助与它相关联的一些创新机制的力量。在国民经济不断发展的情况下，伴随着区域经济发展的脚步，区域经济的创新显得尤为重要。据相关调查显示，各区域经济发展的速度在不断提高。与此同时，在区域经济发展过程中，出现了管理机制尚未完善、创新形式得不到认可以及支撑体系不完整等问题。针对上述区域经济存在的问题，笔者将在下文提出一些具有建设性的解决方案。

### 一、区域经济的发展与创新

研究表明，区域经济并不只是借助区域中的自然要素和在区域中所投入的资金进行发展的，也受政府的宏观管理以及劳动资源等因素的影响。某地区要想推动区域经济的发展，可以通过调整区域经济中的创新机制，加强对各要素和资金的管理来进行。由此看来，创新机制在无形中就成为了区域经济发展的主导力量。

#### （一）区域经济的发展

在 19 世纪 20 年代，世界开始流行一种区域经济学。在此基础上，还初步形成了一种区域经济发展的理论体系。早期的一些区域经济学的专家、学者认为，区域就是指在指定的地区构成的一种复合体。复合体在形成的过程中，与场地、边缘地区以及核心有着紧密的联系。在复合体形成的过程中，逐渐形成了中心地理论、市场区位论以及农村区位论等区域经济发展的理论性模型。这些理论性模型都采用了假设的方法，那就是将区域假设为一个孤立的单位。除此之外，区域经济的发展还受资源分布不均匀以及区域性特征的影响。最后，其就会借助多种力量来构建具有区域特色的产业或者产品。由此看来，区域经济发展的重要组成部分是依据每个区域的优势和区域资源进行合理的调整、安排。这样，无论是在区域产业上对其进行合理调整还是在区域空间上对其进行有效优化，都是推动区域经济发展的有效途径。

直到 20 世纪 50 年代，一些专家、学者所阐述的区域，才可以在国民经济发展的过程中解决经济区域上的一些问题。但是，无论是区域均衡发展理论还是非区域性发展理论，都对区域发展中所存在的问题进行了详细分析。20 世纪 80 年代以来，相关学者无论是在数据整理上还是在信息技术优化上，都扩大了区域经济发展所研究的范围。

## （二）区域经济的创新

随着人民生活水平的不断提高，我国逐渐把促进经济发展的焦点转移到了区域经济的创新中。笔者对我国近几年来区域经济发展状况进行调查、研究，了解到大部分区域都在加强对原材料、产品以及科学技术等方面的创新。就创新而言，各区域经济的创新都是由制度性的创建和技术性的研发两部分构成的。在我国区域经济进行转型的状态下，无论是制度上的发展、创新还是技术上的发展、创新都取得了显著的成就。

### 1.我国区域经济的制度创新

在我国区域经济发展的阶段中，虽然单个区域经济的发展速度较快，但是它们之间的发展存在着较大的差异。在这样的背景下，各地政府都想促进区域经济的平衡性发展。由此，各区域在经济发展的创新中都会注重该区域经济制度体系的创新，企图利用这种手段，创建具有独特性的区域经济。由此我们可以推断,制度创新是区域经济发展的源泉,更是区域经济中其他类型创新的速度和质量的一种保障。

### 2.我国区域经济的科技创新

加强"互联网+"宣传。尽管"互联网+"在社会经济发展中发挥的作用越来越明显,但应用的程度还取决于多种因素,其中本区域互联网普及水平直接决定了该区域应用"互联网+"促进区域经济技术合作的水平。因此,用好"互联网+"促进区域经济技术合作,首先要加强"互联网+"宣传工作,普及互联网知识,使"互联网+"的概念渗入人们生活、生产和工作的各个环节中;其次,要加强对从事区域经济技术合作的工作人员特别是领导干部的培训,深化他们对"互联网+"重要性的认识,强化运用技能,形成利用"互联网+"促进区域经济技术合作的良好氛围。

完善"互联网+"平台。要想在区域经济技术合作中用好"互联网+",首先要完善基础设施建设,只有具备"互联网"这个前提,"+"才能发挥作用。这就需要加强网络基础设施建设和资金投入,改善互联网应用环境,提升软硬件应用管理水平,为应用"互联网+"奠定坚实的基础。其次,要建设符合本区域经济技术合作要求和产业特点的网络平台,除了建设常规的互联网网站,还可以引入微博、微信、抖音等新媒体平台。这些新媒体平台功能强大、实用性突出,从实际应用效果上看,不仅超出了应用者的想象,也有逐步发展成为主流的趋势。用好"互联网+"平台,最关键的是要做好管理维护,保证平台上的内容更新及时和准确。最后要培养既懂网络又懂区域经济技术合作的人才。这就要大力发挥互联网行业高端专业人才作用,加强和技术研发中心、高校、科研院所等组织的合作,强化知识技能的培训,形成以人才为核心的产业竞争力,从而在变幻莫测的经济大潮中立于不败之地。

做好"传统"与"互联网+"的融合。区域经济技术合作作为人类的重要经济活动,长久以来积累了诸多的理论和丰富的实践案例,即使是在互联网大潮冲击下的今天,仍占有主导地位,如何把这些瑰宝有机地融入"互联网+"的实践中,需要理论界和实践界的积极研究和探索。笔者认为,把区域经济技术合作与"互联网＋"相融合，一是要遵循实事求是的原则，本着"扬弃"的原则，认真分析传统理论在"互联网＋"背景下的新内涵、新形态，有选择地加以应用，对于不符合现实情况的要酌情修改完善；二是要以实用为根本目的，凡是在工作实践中能产生积极作用，能够切实推进区域合作工作取得实效的经验和做法就要积极推广应用；三是要防控互联网的负面风险，强化正面的引导和应用。

# 二、我国区域经济在创新过程中存在的问题

我国的区域经济在创新层面上取得了较大成就。但是，各个区域经济发展创新的总数量和增加的数量仍存在较大的差异。简而言之，就是在我国各区域经济发展的过程中，区域的创新发展取得了显著成就，但从创新的总数量和增加的数量来看，各个经济区域在创新发展上仍存在着很大的差距。具体来说有以下几个方面的原因。

## （一）管理机制尚未完善

区域的传统管理机制在规划和布局上都给区域创新管理体制造成了严重的影响，进而在某种程度上给区域内和区域间的创新带来了直接或间接的影响。在区域经济发展的过程中，区域内或者区域间在创新上都会有直接的沟通与合作，但是这种直接的沟通与合作都会受到传统管理机制的影响。在这种影响下，区域内和区域间的创新要想达到资源共享的目标，是比较困难的。也就是说，传统的管理机制给区域内和区域间的创新造成了资源的浪费。除此之外，各区域经济在发展的过程中虽然有一小部分的创新资源属于共同使用的一种资源，但是，在当前的创新管理机制的背景下，传统的管理机制又将这种类型的技术创新分解成科研机构所担任的任务。由此看来，传统的管理机制较容易使区域经济间的发展和区域内创新走向分离，这就使各区域之间和区域内的创新水平不能稳步地提高。在市场区域经济发展的

背景下，有较多区域内和区域间的要素都在市场持续流动着。在传统管理机制下，相分离的区域内或者是区域间的创新早已不是区域经济发展的重要组成部分，这最终导致了区域经济发展水平不均衡的状态。

### （二）创新手段单一

每一个国家或地区都有自己独特的区域经济。这些国家或地区都是凭借自身独特的优秀成果来打造高价值的企业品牌从而巩固该企业在世界各地中的地位。根据目前我国区域经济发展的状况来看，各区域挖掘自身的优势带动区域经济发展的这一举措已经初见成效，但其在挖掘自身优势的过程中使用的创新手段呈现出单一性。出现这种情况，归根结底是因为每一个区域在建设创新系统的整个环节中都没有对整个创新系统理解清楚。比如，没有意识到创新系统的建设需要区域内和区域间不同主体进行互动，同时也需要区域内和区域间的各种要素之间的交流与沟通。为了完成创新系统的建设，每一个区域在经济发展的过程中都应该找出阻碍其与其他区域互动的因素，这样才能有针对性地提高各区域经济的创新水平。

### （三）支撑体系尚不完整

区域经济发展中的创新机制建设，需要借助大量的人力、财力和先进技术。虽然国家在每一个区域的发展过程中提供了大量的人力、财力和先进技术等资源，但是却因缺乏具有针对性的理论基础作为区域经济发展的支撑，最终导致这些资源不能充分发挥其作用。与此同时，大部分的中小型企业本身就缺乏创新能力，再加上资金的投放不足、土地资源的利用不足等问题，更加阻碍了其创新。除此之外，中小型企业还面临着关于知识产权的两大难题。第一大难题是专利授权费用过高，中小型企业在经济上难以承担这种压力；第二大难题是知识产权的诉讼金额是由中小型企业承担的。从某种程度上讲，这给中小型企业的创新带来了严重的影响。由此看来，各个区域经济发展的创新机制，虽然推动着各区域经济的创新，但是各区域却没有重视对区域经济发展创新系统建设基本资源的投资。譬如，在各个区域经济发展的过程中，区域重视对区域内群体产业和企业的创新，却忽略了内部创新机制的新网络的发展。这严重阻碍了各个区域创新的进程。

# 三、我国区域经济发展中完善创新机制的策略

## （一）合理优化创新管理机制

打破传统的区域经济发展的管理机制，建设区域内或者区域间的新管理系统，可以提高区域各要素在区域内或是在区域间的沟通、合作。创新区域管理机制主要是为了使有针对性的管理机制和区域经济之间的发展得到有效融合。只有这样，才能在交易流通的领域中降低其成本的投入，以进一步提高创新资源的资源配置效率；除此之外，还可以提高区域内和区域间创新成果的转化速度。

## （二）加强自主化创新

自主化创新属于一种创造性活动。具体来说，它是指各区域所拥有的核心技术的知识产权和新产品价值形成的一种过程。自主化创新是新技术发明和新品牌创立的过程。笔者通过对我国区域经济发展状况的分析，发现每一个区域内的各种产业和各项投资基本处于一种饱和的状态。若想推动区域经济的发展，该地区就需要抓住各种机遇，同时还应根据自身的各种特点以及优势来提高相关技术以及原料等的创新能力水平，努力构建出适合区域经济发展的产业链。区域只有加强自主化创新，才能进一步推动区域经济的发展。

## （三）制定相应的法规、制度

在各种相关政策的基础上，国家应针对每个区域的经济发展制定出相对应的制度，这样不仅能进一步推动各个区域内和各个区域间的沟通、交流，促进区域内产业群体的整体发展，便于为新的创新活动提供牢固的物质基

础，还可以降低创新投资的费用，提高创新劳动成果的转化速度。由此看来，在完善区域经济发展创新体制的过程中，国家一定要结合本国的国情制定出相应的法律制度，保护区域的创新主体的权益，同时还应充分发挥各种创新主体的力量，以推动区域经济走科学化发展的道路。

综上所述，为完善我国区域经济发展的创新机制，各区域要结合本地区的具体情况，针对各个区域经济所存在的问题制定出具有针对性的解决方案。只有这样，才能从根本上促进我国区域经济的体制创新，人民的生活质量才能提高，国家才能更加富强。

# 第二节　中国外贸与区域经济发展的关系

目前，我国经济取得了突飞猛进的发展，随着全球经济一体化的发展，各国经济往来越来越密切，外贸额日益增长，推动了国内经济的发展。不过，从外贸的发展情况上看，我国各区域经济发展水平有一定差异。为此，政府必须构建稳定、良好的贸易环境，促进区域经济的发展。

## 一、外贸与区域经济发展的关系

从推动区域经济发展的角度而言，外贸起到了两方面的作用：一方面，外贸对区域经济发展具有促进作用；另一方面，外贸引起了区域经济发展格局的较大变化。

### （一）外贸对区域经济发展的积极影响

外贸可分为两种，分别为进口贸易、出口贸易，我们在对区域经济发展进行分析时，需综合评判两个方面的内容。首先，我们必须意识到，外贸可在很大程度上推动区域经济发展。它不仅能够促使区域的劳动生产率大大提升，而且能够优化现阶段的经济发展模式，促使区域经济朝着科学、稳定的方向发展。其次，在区域经济总量中，进口贸易占据了较大比例。市场需求对进口贸易具有刺激作用，可扩大进口贸易，这也促进区域对新经济增长点进行培育。另外，进口贸易有利于引入外国先进技术，使相关项目研发费用减少，使产品生产效率提升。利用进口贸易，能够使进口产品同本区域产品产生竞争关系，采用优胜劣汰的方式，使区域产品尽快更新换代。通过制定合理、完善的发展战略，区域经济得以发展，并能加速该地区的经济转型。

### （二）外贸引起的区域经济发展格局的巨大变化

对于每个国家的经济发展而言，各个国家在经济发展方式上都存在差异，这就容易出现区域经济发展差异。从发达国家与发展中国家的经济发展情况来看，两者的产业结构有明显差异，导致两者在经济发展过程中呈现出不平衡状态，区域的外贸可能会发生两极分化。在发达国家中，第三产业的外贸所占比例较大，然而发展中国家的出口产品则大多是高能耗产品，随着时间发展，高能耗产品会严重破坏区域环境，对现代区域经济发展具有不良影响。

## 二、外贸与区域经济协调发展的相关建议

### （一）加强人才培养，促进外贸平等化

在区域经济发展的实际过程中，不同地区的基础设施建设、地理位置、

区域经济发展政策等都存在着极大的不同，因此，我国各区域的外贸发展有着较大的差异性。与此同时，区域的外贸发展又制约着区域经济的建设。国家为了能够最大程度促进区域经济的发展，就要均衡不同区域的外贸机会，针对不同区域的经济发展制定不同的政策，积极帮扶外贸机会较少的地区发展，进而促进这些区域的经济发展。另外，各区域还要大力培养外向型经济人才，"科教兴国，人才强国"战略在区域经济的发展中同样实用。因此，各地区要不断提高劳动力的综合素质，培养综合性人才，使其为区域经济发展做出贡献。

### （二）聚焦重点，全面推进服务贸易创新发展

全面推进服务贸易创新发展的工作要突出三方面重点，即突出制度重点，通过深入调研与分析，以问题为导向，找到阻碍当地服务贸易发展的主要因素，通过制度创新打破影响服务贸易发展的体制机制障碍；突出行业重点，因地制宜，将服务贸易创新发展与当地经济社会发展紧密结合；突出企业重点，在重点行业中扶持发展龙头企业，做强做大服务贸易的市场主体。

通过本节论述可知，外贸在一定程度上为区域经济的发展带来了一定的积极影响，其能够极大程度地带动地区经济发展，进而有效增加区域资本。但是，对于经济发展落后的区域来说，外贸也对该区域经济发展带来了一定的消极影响。因此，只有促进外贸平等化、全面推进服务贸易创新发展才能使得外贸与区域经济协调发展。

# 第三节　对促进区域经济协调发展的
# 开放型经济的思考

随着世界经济一体化进程的加快，国际贸易和投资成为世界经济发展的重要引擎，开放型经济已经成为世界经济的主导潮流。《中共中央关于全面深化改革若干重大问题的决定》提出，构建开放型经济体系，加快培育参与和引领国际经济合作竞争新优势，以开放促改革。开放型经济体系能更好地使地区与国家都融入经济全球化与区域经济一体化的活动中，参与国际经济事务，获得更多的国际经济份额，拥有话语权，不仅可以促进国家经济持续稳定增长，还可以促进区域的协调发展。当前的国际经济环境正在发生着巨大的变化，国际金融危机的爆发及蔓延使全球经济进入了低速增长阶段，但包括我国在内的新兴经济体国家仍保持着较为稳定的经济增速。面对这一新的国际经济环境，结合我国开放型经济的发展过程，抓住机遇，推进我国开放型经济体系的建设，对促进区域经济协调发展与经济稳步增长具有重大意义。

## 一、开放型经济对区域发展的影响

开放型经济与封闭型经济是相对的，不同于外向型经济，开放型经济是在全面开放并成为全球化经济有机组成部分的基础上，强调在国家之间、国家与地区和地区之间的商品、资本、劳动力和技术等要素自由流动的整体开放，按照市场规律进行资源优化配置的一种经济模式，它强调开放与社会协调发展，并形成有效的内部运行机制和自主创新与自我发展能力。我国自1978 年党的十一届三中全会提出对外开放政策，设立经济特区，发展外向型经济后，党的十四大、十五大和十六大报告中均提出了构建开放的经济体系。党的十七大明确了"拓展对外开放广度和深度，提高开放型经济水平"，党的十八大提出了"适应经济全球化新形势，必须实行更加积极主动的开放战略，完善互利共赢、多元平衡、安全高效的开放型经济体系"。在顺应世界潮流，同时又结合我国国情的开放型经济体系下，我国经济一直保持着较快的增长速度，经济总量在 2010 年超过日本，居世界第二位，现在我国已成为全球货物贸易第一大出口国和第二大进口国、第二大外资流入国、第三大对外投资国、第一大外汇储备国，这为我国进一步扩大开放提供了坚实的物质基础。尽管开放的成果使我们看到了可喜的成绩，但是这一数据下隐藏着区域经济不均衡发展问题，而区域间的发展不平衡，在很大程度上是由对外经济政策造成的。由于对外开放政策在东部沿海地区率先实施，其对我国东部地区空间集聚能起到积极的拉动效应，沿海的对外开放促进了产业集聚，通过集聚强化经济增长。对外开放还迅速提高了人力资源水平，通过产业效率的提升而有效地拉开了与内陆地区的距离。总体来说，目前中西部地区尽管拥有丰富的资源，但是因为地理位置、历史及经济政策等原因，这些地区的对外开放程度远低于沿海地区。2012 年中部地区和西部地区的经济总量仅为全国的 24.60% 和 19.70%，总计不及全国总量的一半；中部地区与西部地区的人均 GDP 仅为东部地区的 55.22% 和 52.30%；中西部地区进出口贸易额仅占全国的 12.20%，仅拥有约为全国 17% 的外资、22% 的对外投资。对外经济政策成为影响我国中西部内陆地区经济发展和结构优化的重要因素，并直接导致了我国的经济发展水平在区域间的差异较大。

## 二、我国开放型经济的发展阶段

### （一）1978—1989 年：探索阶段

以 1978 年提出改革开放和 1979 年 7 月 15 日中央决定在深圳、珠海、汕头和厦门试办经济特区为标志，我国拉开了对外开放的序幕。随后国家在建立经济特区的基础上，陆续规划了多个对外开放城市以及沿海经济开放区。在这十余年里，区域经济发展是以沿海地区开发作为重点，利用沿海的区位优势和对外开放的有利条件，实行投资与政策的倾斜，通过放权、让利、减税来培育市场经济，形成了东部市场经济格局。这些开放政策的实施使全国乃至全世界的资产、技术、人力资源快速向这里汇集，东部地区的经济增长明显快于其他地方。此时区域经济发展差异已日渐明显，按 1986 年国家在"七五"规划中提出的三大经济带的划分，进行开放的地区都集中于东部，到 1989 年时，东、中、西部三个地区的 GDP 分别为 52.65%、28.65%、18.70%，此时东部地区的经济总量已占据了全国经济总量的一半。

### （二）1990—1999 年：非均衡发展阶段

结合十余年改革开放的经验，从我国经济发展的长远战略着眼，中央于1990 年做出了开发与开放上海浦东新区的决定，由此我国的对外开放出现了一个新局面。有实力的跨国公司、中外金融机构等外商在上海的投资逐年增加，与深圳经济特区一样，现代化浦东的崛起，带动了整个长江三角洲经济的新飞跃。再加之 1992 年初，邓小平视察了深圳、上海等地，发表了一系列重要谈话，即"南方谈话"，又为我国的改革开放注入了一剂强心针，加速了国内外信息、资本以及人力资源的流动，一方面搞活了内部经济，另一方面也通过"三资"企业的资本、技术与人力的引入，使我国开放的范围与程度得到空前的扩大与加深，国内经济发展取得了巨大成就。与此同时，尽管中西部地区经济有较大的增长，特别是中部地区，但是由于东部地区对外开放程度进一步加深，使得原本已存在一定差异的东西部地区差距拉大，区域经济差异更加明显。1999 年东部与中西部三大经济区占全国经济总量的比重分别为56.59%、25.90%和17.51%，由此形成了东、中、西部经济份额由高到低三级阶梯的经济格局。

### （三）2000—2006 年：开放范围不断扩大阶段

时间跨入21 世纪，在过去二十多年间，我国经济平均增长速度接近10%，并跻身世界经济总量前六名。在 2000 年，我国与欧盟达成双边贸易协定。

次年，在卡塔尔的多哈会议上我国加入 WTO 的法律文件被审核通过。这是我国在建设开放型经济体系中走出的重要一步，标志着我国步入了当今世界经济发展的主流，可以充分分享国际分工利益，与世界先进经济技术同步前进。与此同时，国内的开放也在逐步发展，中央对区域发展战略和地区政策做了调整，分别在 2000 年、2003 年和 2004 年提出西部大开发战略、振兴东北老工业基地战略和中部崛起战略，由此展开了全面实施区域均衡协调发展战略，改善了内陆地区的基础设施状况和投资环境，从以往实施非均衡发展战略转向实施均衡发展战略。在这一阶段，中、西部地区对外与对内的开放程度有所加深，经济得到较快发展，相比而言，在经过近三十年的开放政策引导下，沿海开放地区已具备了较完善的基础设施和坚实的经济基础，此时东部地区的经济增长速度仍旧比中、西部地区快。

（四）2007 年至今：全方位对外开放阶段

2007 年底，党的十七大召开并提出在坚持对外开放的基本国策的基础上，通过拓展对外开放的广度和深度，构建开放的新经济体系。2008 年国际金融危机直接影响了我国出口贸易的增长，东部沿海地区的出口导向型发展模式受到严重打击，内地受危机影响较小。这次冲击充分说明合理的开放型经济不能只依靠外需与局部投资，而需要着眼于对内开放，并重视内地中西部经济的发展，通过与内地中、西部地区的联动使区域协调发展，使国家经济持续稳定增长。这一年国家将 4 万亿资金投向中西部地区，这使内地与沿海地区成本差异扩大。巨大的内地市场吸引大量国际、国内产业投资从沿海向内地迁移，沿海进入工业化后期，增长速度放慢。基于深化沿海开放，加速内地开放，提升沿边开放的策略，国家又提出了区域发展战略，这为更好地协调区域经济发展又开辟了一条道路。党的十七大以来，东部地区的经济总量已回到 20 世纪 90 年代的占比水平，为 55.63%，而西部与中部地区的比重显著提升，分别增至 24.61% 和 20%，西部地区的经济总量比第一阶段末还要高。另外从年均增长速度看，在这一阶段，中、西部地区的经济发展速度明显高于东部地区，这些都说明我国区域间的差异正伴随着开放政策和开放度的变化缩小。

# 三、开放型经济发展中存在的问题

在开放型经济发展中，我国通过实施非均衡的区域对外开放政策，改变了对外开放地区的资金投入量和劳动力投入量，使国内外大量的资金和人才流向对外开放早、程度高的地区，也改变了开放地区的资源配置状况。从我国开放型经济发展的四个阶段来看，从深圳、浦东等东部地区的陆续开放到西部大开发战略、振兴东北等老工业基地战略和中部崛起战略的实施，再到区域发展战略的提出，区域间的差异随着国家对外开放政策的倾斜而发生着"先扩大、后加剧、再缩小"的变化。1978—1989 年我国的对外改革开放处于探索阶段时，东、中、西部的经济一直处于波动状态。在第二个非均衡发展阶段，东部与中西部地区的差异明显扩大，尽管在 1996 年左右有一个回调，但地区差异的总体趋势是在扩大。到第三个阶段，由于我国加入WTO，我国的对外经济活动使东部地区经济水平明显提升，西部大开发取得的成就在 2005 年已初见端倪，因此 2006 年成为了东、中、西部地区经济发展差距的转折点。最后一个阶段，由于国际经济形势及我国对内、对外开放的范围扩大，各地区间经济增长差距逐年缩小，但区域间的经济差距仍很大，不协调发展的情况不容乐观，现阶段的开放型经济体系还存在许多问题。

## （一）宏观层面

在过去，许多人错误地认为改革开放就是对外开放，就是发展外向型经济，以国际市场需求为导向，以扩大出口为中心，根据比较优势理论，积极参与国际分工与国际竞争，以出口创汇为目的，使地区和国家经济得到发展。在这样的思路下，利用区位优势与政策优惠，东部沿海地区率先发展这类经济，吸引了国内外大量的资金、技术与人才，促进了该地区的快速发展。但事实上，开放体系不仅是部分区域根据国际市场的需求来生产和出口产品，进行局部、单向对外开放，还应该包括全面的对内开放，比如中、西部地区区域间的开放。2008 年国际金融危机爆发，造成了国际市场不景气，外部需求下降，对东部沿海外向型经济带来了巨大冲击，使这类企业陷入困境，经济增长速度减慢，国家总体经济水平下滑，这表明东部出口外向型经济已经不足以支撑我国经济的持续稳定发展。这使我们意识到不仅东部地区要开放，其他地区也要开放，不仅要发展以制造业为主的外向型经济，还要发展其他领域的产业，以促进各区域共同发展。

（二）中观层面

我国主要是通过外贸、利用外资、引进技术人才与管理经验进行对外开放的，主要集中于第二产业，以开发区或工业园区为载体，重点发展从事外贸的制造业，特别是以劳动力密集型产业为主的企业。这些领域在我国能够很好地发展，有国际分工的因素、我国人口红利等原因，对我国经济及区域经济的发展也起着重要的作用。首先是能解决人们就业问题，其次能增加地区、国家税收收入，但是这些开放领域大多是以资源为支撑，以环境为代价的"三高一低"（高投入、高消耗、高污染、低效益）的产业，不利于区域的可持续发展。随着经济社会的发展，人民币升值、人力成本的增加以及环境污染严重等问题的出现，一方面东部沿海开放地区的经济发展出现了瓶颈，生态环境受到严重威胁；另一方面伴随这类产业向内地的转移，这些问题也给内地的发展造成困扰。在开放型经济的发展中，东部地区的对外开放格局应怎样调整，中、西部地区开放政策该如何制定，值得我们思考。

（三）微观层面

我国在对外开放过程中利用外资一直注重对量的追求，而缺乏对质的要求。在进行国际贸易，吸引外资，引进设备、技术和管理经验时，部分地方政府在区域竞争、GDP 偏好和政绩驱动的背景下，借鉴和吸收国外开放经验的主动性与积极性不强，缺乏将这些资源与地区优势及发展规划相结合，运用多种形式进行对外开放以及促进各区域经济发展的长远眼光。其中以"三来一补""来料加工"为代表的企业，只是单纯依靠外资，引进国外设备、技术和我国的人口红利，并没有做到真正吸收和利用好这些资金、技术，相关的管理经验也只是照搬国外企业，这种对外开放方式严重依赖国外市场，耗费的资源越来越多，对区域的贡献越来越少，很难实现经济的可持续发展。而且这类产业多数处于国际分工的中低端环节，出口产品的附加值普遍偏低，同时我国自主品牌的国际竞争力也不强。

## 四、基于区域经济协调发展构建开放型经济体系的建议

### （一）加深对外开放程度，扩大对内开放范围

处于对外开放前沿的东部沿海地区在开放型经济发展中已经获得相对于其他区域较快的发展，也使我国经济总体水平有一个很大的提升。面对国际经济发展形势，结合我国现有的区域经济发展现状，在开放型经济体系的发展中，对内开放与对外开放应该同等重要。推进新型开放型经济体系的建设，需要通过各地区间进行分工协作、互动发展，建立公平、统一市场作为扩大对内开放的途径。这样不仅有利于深化东部沿海地区的开放程度，也使得中、西部地区能更好地参与到经济一体化的浪潮中，参与国际分工。在开放型经济体系中，区域间显著的差异为区域合作提供了广阔空间，东部地区可以利用多年积累的充足资金、先进技术与管理经验，为发展速度较慢的、经济欠发达的中西部地区提供资金保障和技术支持。同时中、西部地区可以利用丰富的资源和原有的产业基础作为依托，为东部地区发展提供丰富优质的生产资源，还可以在东、中、西部的产业转移与承接、技术转让等方面实现合作共赢，同时结合沿边开放，更好地参与到国际交流与合作中，形成优势互补、分工协作、均衡协调的全方位开放新格局。对内开放不仅推动了

国内的资金、技术、人力、商品等物质及各类信息流的合理流动，并由此产生了较大的内需驱动力，还能通过扩大内陆与沿海沿边的开放促进该区域对外的开放，挖掘潜在的外需，使得区域经济协调发展，并促使国家经济持续稳定增长。

### （二）拓宽开放领域，挖掘新的发展空间

东部地区经过多年的改革开放，工业化水平已处于后工业化阶段，但是因为粗放型发展模式使得东部地区的发展明显受到资源与环境的制约。依据配第-克拉克定理，随着经济的发展，人均国民收入水平的提高，产业发展趋势从第一产业向第二、第三产业演变，这为东部与中西部地区的发展指明了前进的方向。我国应遵循产业发展的客观规律，对现有的对外开放政策进行调整。比如，东部地区应将第三产业作为发展的重点，寻求在更广泛领域进行开放与对外合作；东部地区应朝着以服务业为主的第三产业方向发展，立足于我国国情，将开放合作领域从制造业拓宽到金融、保险、电信、科技教育等服务业，从货物贸易转向服务贸易；中西部地区应继续发展第二产业，并将其拓宽至第一产业的某些领域，将其纳入对外开放与国际合作的范围。依据区位优势和现有的经济发展情况，对于中、西部地区的开放型经济体系的建立，应抓住拓宽领域的调整契机，一方面主要是在原有的产业基础上承接海外和东部地区转移的产业，主动吸引外资，培育新的增长点；另一方面是积极配合国家开放的政策，结合内地的具体情况在生态、绿色、环保方面做文章，开展农业领域的国际合作和交流，从农产品加工领域向农业综合开发等领域延伸，寻找新的增长点。通过对不同地区因地制宜地拓宽开放领域，各区域间能合理地进行分工合作，这使各区域经济能够得到较好的发展，逐步缩小区域间的差距。

### （三）结合区域规划，调整优化经济结构

我国过去在东部地区率先通过招商引资，建设开发区与工业园区来推进开放型经济的发展，中西部地区亦沿用此方法，并效仿发达地区的模式。

当时多数的招商引资项目并没有根据区域的实际情况和区域发展规划来引入投资，这造成了各地区产业发展具有较为严重的趋同性，产业集聚效应不强，不仅引起企业间的恶性竞争，还造成了资源浪费、环境污染。在构建新的开放型经济体系的过程中，国家应基于区域发展规划，结合国家规划的主体功能区，在招商引资时注重对产业投资与布局的引导，使外商与外资投向适合的区域，以此来调整我国的经济结构布局。比如，金融、保险等服务业应投向东部沿海的优先开发区；能源、基础设施等企业应投向资源环境承载力较强、现有开发密度还不高、发展潜力巨大的重点开发区；对于那些限制开发的区域应根据规定的产业指导目录及措施进行投资引导。根据不同地区的环境、土地、能源指标等具体情况，利用比较优势，合理确定外资项目的进入条件，选择有利于地区转变经济发展方式、调整优化经济结构的外资，提高资本与资源利用率，促进区域经济协调发展，进而实现可持续发展。

### （四）提高外资利用质量和水平，促进产业升级

吸引并利用外资进行投资与生产是我国构建开放型经济体系的主要方式，同时也能使我国的经济在短时间内得到较快的发展。值得注意的是，由于资本的趋利性，造成许多短期投机资本的注入，部分地区在利用外资时重数量轻质量，重引进技术轻管理经验，重规模大小轻效益高低，造成产业结构布局不合理，区域间经济发展不协调，这给我国经济发展埋下了巨大隐患。在开放型经济新体制的构建中，我们应避免上述问题的发生，还应注重提高对外资的利用水平，通过产业升级、技术改造，提高国内产品的国际竞争力，增加区域经济发展的动力。凭借东部地区良好的基础设施和产业配套条件，在这些地方积极引入外资进行研发创新活动，鼓励跨国公司在华设立地区总部、研发中心、采购中心、财务管理中心、结算中心、成本和利润核算中心等功能性机构，充分利用外资促进东部地区经济的持续增长。中、西部地区立足于当地的产业结构和区域发展规划，在利用外资时应把引进的国外的先进技术和管理经验作为利用外资的核心，积极利用外资进行合作与创新，改善出口产品结构，提高出口产品的技术含量与附加值，增强出口产品

的国际竞争力，与外商共同拓展市场，抓住新的发展机遇。

### （五）优化投资环境，强化风险管理

我国在发展开放型经济时采取了先东部再中、西部的渐进模式，在这种模式下，由于各区域开放程度的不均衡，形成的投资环境不同，各区域的发展也存在明显差距。在未来相当长的时间内，我国开放型经济的发展仍将延续有梯度、有重点的全方位、多层次的模式，因此，我们不可能要求各区域的发展齐头并进。目前我国经济发展所面临的新矛盾、新问题需要在更高层次的对外开放上也就是在制度层面上寻找解决途径。结合我国的具体情况，根据各地区的特点，只有通过完善制度的配套工作，优化投资环境，才能使更多的资金、技术与企业"引进来"，更多地投向中、西部地区，参与产业发展与基础设施的建设，同时也可以让更有实力的东部地区的企业"走出去"，充分参与国际分工与合作，更好地利用国外资源与市场。这样既充分保障了东部地区的利益，又积极促进了中、西部经济的发展，缩小了区域间的经济差距，促进区域间协调发展，从而促进了我国经济的可持续发展。

我国在鼓励"引进来"和"走出去"时，应注意以下两方面：第一，在"引进来"时，当地政府要积极参加国家和地区外贸协议的协商并签订投资协定，改革涉外投资审批和管理体制，完善领事保护体制，提供权益保障、投资促进、风险预警等更多服务，扩大投资合作空间，为外资提供良好的投资环境。第二，在"走出去"时，政府要充分利用经济、政治和外交手段为我国企业向海外发展营造良好的外部环境，帮助企业预判和扫除国际关系中的不确定因素，以提升我国东部企业的竞争力以及中、西部地区在国内和国际产业转移中的地位。此外，在优化投资环境时还必须注重防范国家经济风险，不仅要构建有效的国家经济安全机制，增强国家经济安全监测和预警、危机反应和应对能力，还应加快完善维护国家经济安全的法律法规，依法保护我国海外人员的人身安全和财产安全。

市场经济本质上就是开放型经济，世界经济的发展需要每个国家和地区的参与，国家和地区的发展需要加入到世界经济中。实践证明，我国通过

实施积极的对外开放政策，区域经济、社会、人文环境发生了显著变化，开放水平较高的地区经济发展较快，反过来，要大力促进区域的经济发展，应全面提高对外开放水平，推动区域创新和产业集聚。因此，开放型经济不仅对区域经济协调发展起着直接推动作用，还可以使我国经济从新型的开放型经济体系中获得持续稳定增长，由此构建"开放经济—经济增长—区域协调—经济发展—开放经济"的良性循环。

# 第七章　经济全球化与中国区域经济格局发展的研究

## 第一节　中国区域间经济发展差异分析

改革开放后，我国的经济发展步入了快车道，取得了前所未有的成就。特别是我国东部的部分省市的经济水平已经达到了中等发达国家的经济发展水平，但是中、西部部分区域还属于贫困落后区，我国的经济发展呈现出了两极分化的趋势。尽管近年来国家采取了很多措施来解决这一问题，但是收效甚微。造成我国各区域之间发展差距较大的原因是多方面的，本节主要从区域的自然条件、政策制度和资本等方面进行分析。

### 一、自然条件

自然条件可以间接影响我国的区域经济发展。例如，我国的鞍山市主要以铁矿为主，大庆市、东营市以石油为主，大同市、榆林市等以煤为主，白银市、铜陵市以银为主，金昌市以镍矿为主。这些城市通过对这些自然资源的开发有效促进了经济的快速发展。但是这一类城市面临着自然资源枯竭的问题，因此它们要积极转型。还有就是我国的东部沿海地区，这些地区水陆交通发达，与韩国、日本等发达国家距离较近，具有良好的外部发展环境；但是我国西部内陆地区地形相对崎岖，基础设施不完善，相邻的国家大部分为发展中国家。这从客观上造成了区域经济发展的差异。

## 二、政策制度

政策制度的变迁会影响各区域中人的行为，进而造成各区域经济增长的差异。改革开放初期，我国在制定区域发展政策时，对东、中、西部地区并没有采取一视同仁的态度，而是给予东部地区较大的政策支持，这种政策上的不均衡性是造成现今我国东、中、西三大区域经济差异的重要因素之一。这种不均衡性主要表现在两个方面：第一，在政策的落实时间上，三大区域具有较为明显的先后顺序，不管是土地改革，还是城市企业产权制度改革和经济特区的设立，都是东部地区先于西部地区；第二，在政策的供给量和优惠程度上，东部地区要好于中、西部地区。由于这种优惠政策的实施，东部地区的经济发展速度快速增长，与此同时，中、西部地区大量的资金、人才和技术资源流向经济效益好、投资回报率更高的东部地区，从而使广大中、西部地区的经济发展更为缓慢，加剧了区域间发展的不平衡。

## 三、资本

作为影响区域经济增长差异的重要因素，资本本身就包含了很多内容，如人力资本、物质资本和土地等相关因素。相关学者在研究中大多都对其进行了简化处理，在这里，我们仅考虑物质资本这一要素对区域经济增长差异的影响。物质资本又可以分为流动资本和固定资本两种，在实际研究论述中通常都是采用资本形成总额这一指标来进行衡量的。资本形成总额是指某一地区在一定时期内获得减去处置的固定资产和存货的净额，包括固定资本形成总额和存货增加两部分。

# 四、劳动力

在影响区域经济增长差异的因素中，劳动力因素也是一项重要内容。对于劳动力因素的衡量，一般都是采用就业人数进行权衡和分析，按照生产过程中投入的实际劳动人数来对劳动力因素进行研究。一般来讲，就业人员包含了在岗职工、个体业主、农村就业人员、乡镇企业就业人员、私营业主以及其他就业人员等。这些总的就业人数可以准确地反映一个地区在一定时期内劳动力资源的实际使用情况。

# 五、技术

作为当代经济社会发展的重要推动力，技术在推动我国经济结构调整和产业升级，实现经济增长方式转变方面具有重要作用。围绕区域经济增长差异研究，结合技术自身的特点，充分挖掘技术自身的可获得性和内容的广泛性等特点，可以选取技术的投入情况、聚集基础条件以及产出情况等做一个指标上的选择。一是对科技活动参与人员的指标进行选择。这一指标主要是指从事科研活动并且具有初级以上职称或者本科以上学历的人员。这些人员既包括直接进行科研活动的人，也包括为相关科研活动提供支持和辅助工作的人。二是全社会的科研费用的支出。这主要是统计核算某一地区某一年度内为支持科研所支出的费用金额。这些费用既包括劳务费、仪器设备购置费、土地使用费，也包括科研楼建造费、项目委托业务费等。三是专利的授权数或者公开数。这个是用来计量国家知识产权局授权的专利数或者发明数的主要依据。

# 第二节　经济全球化背景下中国
# 区域经济格局的发展

由前文可知，随着世界经济的缓慢复苏，经济全球化进入深度调整和完善时期，我国经济已步入新常态。我国若要实现可持续发展的经济模式，就需要调整长期不平衡的区域经济格局。本节将研究在经济全球化背景下我国区域经济格局，并对我国区域间经济的调整趋势进行深入分析。

## 一、经济全球化背景下中国区域经济格局

### （一）经济全球化与中国区域经济格局的发展

区域经济发展是世界各国经济发展面临的普遍问题，如何优化国内各区域的经济发展结构使各地区间生产要素自由流动和优化配置，是研究的核心，这些对实现国家各区域经济的联动发展和国家经济系统整体的可持续发展至关重要。自 20 世纪 80 年代以来，我国积极融入经济全球化，主要根据地缘和区位优势从东部和南部沿海地区向中西部内陆地区延伸，其中东部和南部沿海地区获得了飞速发展，而中西部地区则发展较缓慢。20 世纪 80 年代经济特区的设立使南部沿海的珠三角地区率先利用比较优势，获得大量外商直接投资，快速融入经济全球化下国际分工的大潮。20 世纪 90 年代上海浦东新区和东部沿海经济开放城市的设立使以长三角地区为代表的东部沿海地区发展加速，这一时期，东部和南部沿海地区外贸规模迅速扩大，经济增速明显加快，并逐渐奠定了东部和南部沿海地区成为全国经济发展龙头的基础。此时，国家为了快速融入经济全球化发展潮流，在区域经济发展战略上采取了区域不平衡发展战略，实行分片指导和因地制宜的方针。国家在 1985 年提出的第七个五年计划中，把全国分成了东部、中部和西部

三大经济带，初步形成了我国"东、中、西"的区域经济梯度发展格局。

## （二）深度全球化时期中国区域经济格局面临的问题

我国在参与经济全球化的过程中处于国际分工链条的低端，产品附加值和利润率低、经济发展模式极为粗放。随着全球性经济危机的爆发和经济全球化的深度调整，这种自改革开放以来形成的不可持续的发展模式受到了冲击，人口红利和廉价劳动力的比较优势随着人口老龄化逐渐丧失，粗放式发展造成的环境污染等外部问题暴露，而城乡二元化经济结构导致人们整体消费需求减少的问题也开始凸显，我国经济发展进入了新常态。随着世界经济增速放缓、各国外贸保护主义复苏，我国外贸受到严重打击，以珠三角地区为首的制造业发展模式亟须转变，而长三角地区土地成本上涨、资源约束等问题也使其发展进入瓶颈期。同时经济全球化的发展进一步扩大了我国区域经济格局的不平衡，并造成了如东中西部贫富差距拉大、缺乏新的经济增长动力等问题。

因此，随着东部和南部沿海地区的经济增速放缓，在梯度转移理论的指导下我国出现了产业转移现象，一批资源密集型和劳动密集型制造业开始由东部向中西部转移，并进一步开发和利用中西部地区的各种要素成本优势，如廉价土地、大量劳动力和丰富的自然资源。同时，经济危机后国家产业政策开始向中西部地区转移，该地区的基础设施建设进程加快，这有利于中、西部地区对东部地区产业转移的承接和自身第二产业的发展。

近年来，中、西部地区经济增速逐渐加快甚至超过了东部和南部沿海地区，一定程度上缩小了区域经济发展差距，但是这种简单的产业梯度转移并没有通过借助经济全球化深度调整的趋势实现我国区域经济的可持续发展。一方面，单纯承接东部产业转移并不是中西部地区经济发展的最优战略。首先由于中西部地区独特的地理特点、薄弱的现代物流业和信息服务业，许多制造业的大规模生产存在困难，而区位劣势也会造成产品运输的高成本等问题。此外，中西部地区大量独特的自然资源禀赋并未得到充分开发利用，而传统东部制造业的生产也会对中西部脆弱的生态环境造成危害，最终这种工业化模式可能和在东部和南部沿海地区一样再次在中西部难以持续。另一方面，东部和南部沿海地区并未形成新的经济增长动力，也未形成经济发展模式的新思路，单纯的第二产业转移短期内会造成东部和南部沿海地区的产业空心化和大量就业岗位的流失。因此，提高自主创新能力、采取绿色均衡的工业化模式、完成经济发展方式转轨成为东部和南部沿海地区亟待解决的问题，也是我国顺应深度全球化趋势、提高国际分工地位的必然要求。

## 二、深度经济全球化背景下我国区域经济格局调整趋势

### （一）我国区域经济总体格局趋于科学发展

随着经济全球化进入深度调整和完善时期，我国区域经济格局从改革开放时的非均衡和协调发展方式向新型的科学发展方式转变。我国经济增长重心由经济全球化的深入逐渐向中西部地区转移，信息服务与公共交通等基础设施建设和东部地区产业转移使区域间经济联系更加密切，同时区域间经济合作方式不断深入。但由于我国改革开放后区域经济发展的基本格局长期处于不平衡状态，因此东、中、西的区域经济梯度发展格局暂未发生根本性变化。随着工业化建设和经济增速的不断加快，中西部地区吸引到了越来越多的投资和政策支持，同时新型区域划分方式和区域发展战略也成为了各级政府的研究热点。

### （二）我国区域经济总量格局保持相对稳定

我国区域间经济增长的差异化趋势保持不变，总量格局仍将处于以东部和南部沿海地区经济总量为主体、中西部地区经济总量占比逐渐增加的趋势。东部和南部沿海地区虽受到深度全球化期间国际经济缓慢复苏的影

响，但通过完善的现代信息服务业、交通运输业和高新科技的发展，这些地区的经济规模仍是较大的。而中西部地区虽然经济增速不断创新高，但由于长期以来工业资产少、人才流失多和科学技术水平不发达，因此其与东部和南部沿海地区经济总量存在较大差距的格局仍将保持相对稳定。随着中西部地区的人才积累和工业化进程的加速，中西部地区的经济规模在全国经济总量所占比重将逐渐增加。

### （三）我国区域经济增长格局处于新型分化趋势

随着我国外贸和直接投资的调整转向，东部、南部沿海地区的外贸规模趋于下降、外商直接投资逐渐减少，经济总体增速放缓。而中西部地区的基础设施建设和固定资产投资加快，同时产业转移使城市化和工业化进程不断加速，其经济增速和总量迅速增加。因此中西部与东部、南部沿海地区经济增速差距正不断缩小，逐渐形成"中西快、东南慢"的新型分化的经济增长格局，这种经济增长格局促进了我国区域经济之间的科学、均衡发展，更有利于区域之间平等互利的经济合作和交往。

### （四）我国区域经济空间格局进一步完善优化

随着西部大开发、中部崛起和振兴东北老工业基地等国家战略的实施，中西部地区不断加快基础设施建设，交通运输网络和信息服务网络迅速完善，一批极具发展潜力的城市群落迅速涌现，如西南的成渝城市群、长江中游城市群、中原地区城市群和山东半岛城市群等。随着中西部地区工业化进程的加快，一批代表性城市群落的出现将推动产业空间集聚程度的进一步加深，城市群落中心城市可通过新型信息服务和完善的交通网络将其辐射作用延伸，并对其内陆经济腹地进行充分开发和利用。同时，户籍制度的改革和产业经济的空间集聚作用反过来又将促进其基础设施建设与人才积累，加快现代城市化进程和促进我国城乡二元结构问题的改善。

总之，在深度经济全球化的背景下，我国经济发展已步入新常态。而我国经济格局总体将朝向科学均衡的趋势调整，从而实现对外开放拓展、对内优化整合的目标。在东部和南部沿海地区经济增速放缓的同时，中西部地区应抓住经济全球化深入发展的机遇，加速推进其工业化、城市化和信息化进程。此外，中西部地区还应注意在发展过程中因地制宜，积极利用其独特的资源优势，采取绿色环保、真正可持续发展的新型工业化模式。而东部地区应重点进行产业结构转型升级和有效的供给侧结构性改革，培育新的比较优势，拓展可持续增长空间，以重现经济活力。最终在深度全球化的趋势下，形成区域内可持续发展，区域间协调发展的经济格局。

# 第八章 跨境电子商务发展与传统外贸结构的互动关系

## 第一节 传统外贸向跨境电子商务转型

本节以传统外贸行业为主要研究对象，对近些年来其向跨境电子商务转型的原因进行了阐释，并结合传统外贸向跨境电子商务转型的现状，提出关于传统外贸行业向跨境电子商务转型的建议和对策，以期为我国传统外贸行业的未来发展提供一些借鉴和参考。

### 一、传统外贸向跨境电子商务转型的原因

一般来说，传统外贸向跨境电子商务转型的原因可以分为以下几种：人力成本增加、缺乏核心竞争力和企业融资困难。近些年来，人力成本的增加给传统外贸行业带来了入不敷出的困境，而跨境电子商务的经营模式可以省去不必要的成本环节，如中间商，能够有效地节省成本，为传统外贸行业提供重新获得成本优势的条件。缺乏核心的竞争力主要体现在传统的外贸方式已经无法满足经济全球化的发展需求，无法获得新的发展起点，而跨境电子商务行业处于起步阶段，存在着较大的发展空间，有利于培育企业的核心竞争力。企业融资困难主要体现在投资者对传统外贸行业的投资力度严重降低，而跨境电子商务行业市场处于未饱和的状态，具有较大的发展前景，

能够吸引广大投资者进行投资。

国内的外贸行业的订单基本上属于大批量交易，相对而言经营方式较固定。然而，随着顾客对产品要求的提高和订单碎片化的发展，外贸订单量逐年下降，传统外贸发展前景堪忧。而近几年来，随着我国科技水平的不断提升，跨境电子商务行业得到了突飞猛进的发展，在进出口方面，天猫国际、考拉海购等跨境电子商务平台成为进出口的主力军，获取了较高的经济效益，这无疑说明传统外贸向跨境电子商务转型是时代的发展趋势。

## 二、传统外贸向跨境电子商务转型失败的分析

尽管传统外贸企业认识到了向跨境电子商务转型的必要性和迫切性，但是实际转型的过程并不容易，甚至很多企业出现转型失败的情况。笔者认为，之所以出现此种现状，原因为以下几点。

### （一）转型前期认知不足，致使内部管理体系不完善

部分传统外贸企业没有了解跨境电子商务的经营流程和当前的市场现状，有时会无法适应跨境电子商务的运营模式，无法有效地规避可能会遇到的风险，也与企业内部的管理体系不完善、内部管理的水平较低和缺乏科学性、合理性的管理模式有关。传统外贸企业转型前期认知不足，致使内部管理体系不完善，易使转型受阻，不利于企业的发展。

### （二）缺乏专业性的跨境电子商务人才

目前，国内跨境电子商务人才较少，许多企业无法承担高层次人才的薪酬，转型也缺乏有效的指导理论。许多外贸企业缺乏掌握跨境电子商务的经营模式和运行规律的管理人才，不利于企业转型。

# 三、关于传统外贸向跨境电子商务转型的建议和对策

## （一）做好前期调研工作，构建好内部管理体系

外贸企业相关人员在转型之前需熟悉市场环境和跨境电子商务的经营模式，制订符合企业发展的目标计划，合理地安排组织结构和人员部署情况，以充分做好前期调研工作。外贸企业相关人员还应熟知跨境电子商务行业的经营流程，获取相关的运营信息，以充分分析市场。在此基础上，管理人员应该积极地构建科学化、合理化的内部管理体系，对内部员工进行科学化的管理，如定期地开展相应的培训活动，实现转型的发展需求。

## （二）重点培养跨境电子商务人才

传统的外贸企业应该明确跨境电子商务人才对于转型发展的重要性，致力于培养跨境电商人才，构建相应的人才培养机制。企业管理人员可以聘请相关专家在企业内部开展跨境电商人才的培养活动，积极储备跨境电子商务人才。同时，企业也可以与高校进行合作，培养出适合市场和企业自身发展需要的跨境电子商务人才，强化自身的人才队伍，确保自己在转型中获得较好的发展。

## （三）结合客户的实际需求，注重产品质量

虽然传统外贸行业中的制造业企业在产品创新和研发方面具有较大的优势，但是其比较缺乏对终端客户实际需求的感知和用户对产品的感受与体验的信息。因此，传统外贸行业在向跨境电子商务转型的时候，应该加强对市场的调研，了解客户的真实需求或对某种产品的功能需求，进而研发出相应的产品，提高产品质量，如防水蓝牙耳机可以满足用户在洗澡时听歌的需求。也就是说，在转型的过程中，传统外贸企业应结合客户的实际需求，注重产品的质量，实现优质化的转型要求。

综上所述，传统外贸行业向跨境电子商务转型是时代发展的必然趋势。

为此，传统外贸企业相关人员需明确传统外贸企业在转型过程中存在的问题，做好相应的解决工作，选择合理的转型路径，进而有效规避转型过程中的风险，以推动我国外贸行业的可持续发展。

# 第二节　跨境电子商务与经济新常态下中国传统国际贸易

随着中国步入经济发展的新常态，作为一种新型的国际贸易方式，跨境电子商务短时间内异军突起，成为中国外贸的新引擎和重要的经济增长点，对传统外贸的经营方式和产业链布局产生了深远的影响。跨境电子商务的发展不仅给传统外贸带来了极大的冲击和挑战，也为经济新常态下状态低迷的外贸企业走出泥潭、重塑国际竞争优势创造了难得的机遇。如何更合理、高效地利用跨境电子商务推动中国传统外贸的转型与升级，已成为外贸企业无法回避的问题。

## 一、跨境电子商务的内涵

通常来说，我们所谓的跨境电子商务，主要指电子商务的跨境模式，是我国一种新兴的模式，促进我国经济、科技的发展的新兴产业。从广义上来说，跨境电子商务就是电子商务的跨境贸易，是一个较大的范围，而不是具体指某一类行业。从狭义上来说，跨境电子商务指的就是跨境的网络零售，具体指零售批发的一种状态，并不是贸易形式。相较于广义的跨境电子商务而言，人们日常生活中所说的跨境电子商务多指其狭义的含义。

# 二、跨境电子商务对经济新常态下中国传统外贸的影响

自改革开放以来，我国的经济和科技就有了突飞猛进的发展。尤其是近年来，随着世界经济一体化的形成，外贸迅速发展，外贸的发展更加带动我国经济的发展。尤其是近年来，经济和科技高速发展，各国的经济体制也有了转变，各国间的经济方式也都有了一定的变化。中国在世界经济的大形势之下，也有了一定的转变，尤其是在新经济常态下，经济模式有了较大改变。但是，也因为新经济模式，中国的外贸经济有了一定下滑，这主要是因为我国一直坚持传统的贸易形式，这种传统的贸易形式不适应新兴的经济模式，其对我国的经济发展是非常不利的。

## （一）跨境电子商务是外贸企业提高国际竞争力的重要手段

相较于传统的外贸，跨境电子商务属于一种新型的贸易方式。相较于传统的线下贸易模式，跨境电子商务属于线上贸易发展模式，这种线上贸易模式更便捷，更迅速，更适合如今人们的生活方式，更能促进我国经济的发展。线上外贸能够通过线上的信息传播和交流找到合作对象，与线下的传统外贸相比，耗费的人力、物力更少。在线上的外贸交易中，无论是在合作伙伴的选取，还是交易需要花费的时间上，都大大降低了成本，有利于企业盈利，也有利于我国经济的发展。尤其是在经济和科技高速发展的今天，跨境电子商务更是企业提高国际竞争力、成为国际贸易经济发展的一大动力。

## （二）跨境电子商务给中国传统外贸带来新机遇

在经济的高速发展时期，市场的波动一般比较大。市场波动较大，预示着一定的机遇，自然也就会有一定的挑战。在经济高速发展的时代，在市场波动较大的情况下，经济危机极易出现，传统的贸易发展必将受到一定的影

响。但是在跨境电子商务的模式下，尤其是在低成本、高交易的情况下，经济危机在某种程度上会带来机遇，推动贸易市场的发展。总而言之，跨境电子商务有利于经济的发展，对于我国的经济和全球的经济来说，是非常有利的。

# 三、中国传统外贸运用跨境电子商务来促进其自身发展的方法

## （一）利用线上线下的电子网络模式，增强竞争力

我国的对外贸易一般存在两种形式，一种是传统的线下模式，另一种是电子商务。这两种贸易交集较少，中国外贸企业一般只使用一种形式，较少综合使用两种形式。这对于我国的外贸发展，是非常不利的。要想使我国外贸更快更好地发展，要想改变我国传统外贸的诸多弊端，需运用跨境电子商务，将线上线下模式相结合。尤其是在如今的社会经济生活中，单一的线上模式或者是线下模式受众较少，容易限制我国传统外贸的发展。

## （二）提高企业产品的核心竞争力，吸引客户进行电子交易

无论是线上的企业，还是线下的企业，对于企业来说，最为重要的就是产品的核心竞争力。提高企业产品的核心竞争力对于企业来说是非常有必要的，也是必需的。但是，现实中，企业较少关注产品的核心竞争力。就目前跨境电子商务的发展来看，大多数企业的产品较为单一，且缺乏一定的品牌意识，电商的产品质量无法得到保障，这会使消费者对电商的产品缺乏信任，也就使电商销售的产品多为一些低价值产品。这无论是对电商的发展来说，还是对我国的经济发展而言，都是非常不利的。在网络信息高速发展的时代里，信息的传播尤为迅速，一旦产品的质量出现一定的问题，对于企业来说是非常不利的，尤其是网络的负面舆论。若企业有了一定的品牌意识，

注重提高产品的核心竞争力，就能在一定程度上保障产品的质量，提高消费者对企业的信任，进而也会吸引更多的消费者，促进消费。

对于新兴产业而言，其发展离不开相关法律法规。尤其是对我国来说，跨境电子商务是一种新兴产业，其相关法律法规尚不完善，在一些交易手段、交易方式等方面缺乏一定的法律规范。缺乏相关法律、法规的保障，消费者对该行业缺乏信任，这对于跨境电子商务的发展来说是非常不利的。因而，要想使跨境电子商务得到一定的发展，就要建立、健全相关的法律法规。只有这样，才能加强消费者的信任感，给消费者足够的保障，使得跨境电子商务有更好的发展，进而促进外贸的发展，带动我国的经济发展。

随着我国经济和科技的快速发展，我国在电子商务的发展上也有了较大的进步，同样的，电子商务的发展也给我国的经济带来了一定的发展。跨境电子商务给我国传统的国际贸易带来的影响是巨大的，不仅为传统的国际贸易带来了一定的机遇，同时带来了一定的挑战。面对我国经济新常态下的发展形势，传统外贸企业要勇于接受挑战，不断地进行创新，不断地接受新的挑战，进而实现我国传统贸易的转型和升级。

# 第三节　外贸增长与跨境
# 电子商务的联动性

近年来，我国经济逐步进入新常态，GDP 增速放缓、外贸增长也逐渐减速。要保持我国经济的健康平稳发展，需采取有效方式借助经济全球化的发展趋势，加快贸易增长。作为对外贸易的方式之一，跨境电子商务有利于降低外贸成本、提高效率，拓展对外贸易新渠道，有利于推动我国对外贸易的转型、升级和发展。基于此，探析外贸增长与跨境电子商务的联动性，有助于加快我国外贸的现代化发展，符合可持续化的发展需求，也能为我国市场经济的发展带来更多可能。

互联网时代，我国不断加快新经济的发展与布局，并将电子商务与跨境电子商务发展作为重中之重。为此，政府不断推出相关政策，为跨境电子商务的稳定持续健康发展，营造了良好的政策、市场环境。在我国外贸增速减缓、面临国际经济不确定性风险的背景下，探析外贸增长与跨境电子商务的联动性、协调外贸与跨境电子商务发展，将能更好地契合我国全面深化经济发展的要求，推动我国市场经济的可持续健康发展。

# 一、新常态下我国跨境电子商务发展现状

面对着经济放缓和经济结构转型的大背景，跨境电子商务异军突起，成为促进我国经济发展的重要手段。

## （一）我国跨境电子商务发展进程

2008 年的经济危机席卷全球，世界各国经济纷纷受到不同程度的影响，我国的对外贸易的发展受阻。但在此期间，我国却逆势而上，跨境电子商务推动着传统对外贸易产业稳步发展。尤其对于国内的中小企业而言，跨境电子商务凭借门槛低、高效率和方便快捷等优势帮助一些中小外贸企业渡过金融危机，并且取得了良好的发展。近年来，我国不断颁布新的跨境电子商务相关政策，肯定了跨境电子商务的地位和作用，并从政策层面持续推动跨境电子商务的发展。与此同时，政府也明确了对跨境电子商务的监管思路，希望能够在良好的环境中，推进跨境电子商务的发展，并带动对外贸易增长。

## （二）新常态下跨境电子商务的发展趋势

以进口跨境电子商务来看，我国跨境电子商务呈缓慢发展态势，其原因主要有以下几点：第一，消费者的消费习惯还未完全转变。虽然近年来我国

网购市场销量不断刷新，但传统的出国购物人群消费理念还未转变。第二，政策法律还有待完善。在跨境交易中，一旦出现问题，购物者往往难以利用法律维护个人权益。第三，跨境电子商务中的物流速度、支付安全性和售后服务等问题，让国内消费者难以信任。

根据我国商务部统计数据显示，我国的跨境电子商务主要贸易对象为欧盟、美国、日本、韩国等国家和地区，美国占比最高。新常态下我国跨境电子商务的发展趋势主要呈现以下方向。

第一，广泛使用新技术。伴随着电子商务的普及，跨境电子商务的传统电子支付与物流方式已经无法满足消费者的需求，而大数据、移动电子商务、物联网和云计算技术的不断革新，迅速推动了跨境电子商务的全球化发展。特别是在移动电子商务平台，消费者通过平板电脑和手机即可完成跨国购物，非常便捷。而大数据的到来，也从根本上解决了跨境电子商务的数据服务能力与储存空间问题。物联网与云计算通过全球定位系统与较强的计算能力，为跨境电子商务的发展奠定了强大的技术优势，提高了物流效率。

第二，我国 B2C（Business to Customer，即企业对消费者的商业交易）跨境电子商务增长迅猛。从专业角度而言，电子商务的 B2B（Business to Business，即企业与企业之间的商业交易）和 B2C 模式不同，在现金流、盈利模式、盈利能力与核心业务、人员配备等方面，均存在明显差异。而相较之下，跨境电子商务的 B2C 模式优势明显，更符合全球经济一体化的发展，能够在大数据的背景下，针对性地展开产品的设计与生产，迎合全球范围内不同客户群体的需求。与传统对外贸易相比，B2C 的最大优势还在于可以越过中间渠道，直接对接产品的销售方与消费者，降低了企业的营销成本，提高了利润。

第三，迅速崛起的"海淘"一族。伴随着跨境电子商务的迅速发展，我国海外淘宝与海外代购行业迅速发展，天猫国际、网易考拉等一系列海外交易代购平台层出不穷，推动了"海淘"一族的不断壮大。

### （三）我国跨境电子商务的发展环境

从地域角度来看，我国东南沿海地区与经济发达的一线城市，电子商务行业发展良好，而中西部地区的电子商务行业起步较晚，与前者存在着地域性的差距。其中，江苏省、广东省、浙江省、北京市和上海市的发展形势最佳，互联网金融与 B2C 电子商务有着良好的投融资发展形势。近年来，我国政府逐渐重视跨境电子商务发展，各个省市地区根据自身发展现状，不断推出关于电子商务的政策，包括通关、物流、税收和支付系统等方面。在法律法规和政策制度的不断完善下，我国跨境电子商务取得了较快的发展。

## 二、新常态下我国对外贸易增长情况

我国对外贸易规模目前排名全球第一，是名副其实的全球贸易大国。在国内经济发展增速放缓、对外贸易总额增长幅度降低的背景下，我国可借助跨境电子商务的新贸易模式，发挥我国对外贸易的优势，推动我国贸易稳步增长。虽然我国对外贸易出口的增速持续走低，但是在全球市场的份额中，却稳中有升。与其他发展中国家和世界主要经济体相比，我国的对外贸易出口形势也较好。在国内产业升级转型的趋势中，我国外贸结构的调整趋势也渐入佳境，效益不断提高，推动国民经济健康、稳步发展。

第一，我国在外贸领域进一步简政放权，通过改变政府职能提升我国的对外贸易水平。在外贸审批方面，政府削减了大量审批事项，并且积极推动相关部门工作效率的提升，并通过构建自由贸易区，加大一体化通关，加速了我国对外贸易的发展。第二，规范清理进出口费用。通过相关部门的整理和分析，重新梳理了我国进出口环节的收费项目与清单，不断规范收费帮助外贸企业减轻了税费成本，推动了企业的可持续发展。第三，在金融产业的支持下，我国外贸企业的风险得到一定的规避，在国际贸易中降低外贸企业的风险，其实就是加强外贸企业的核心竞争力。

# 三、对外贸易增长与跨境电子商务的联动性

从宏观和微观两个层面，跨境电子商务一直在影响着我国的对外贸易。宏观层面，跨境电子商务一方面在经济全球化的进程中，跨境电子商务进一步细化了国际市场的分工情况；另一方面改变了对外贸易传统的营销方式，缩短了贸易流程，降低了交易费用，提高了效率。微观层面，跨境电子商务一方面帮助我国外贸企业开拓了贸易市场，创造了更多商业机会；另一方面带动了我国外贸产业的转型升级，优化了贸易流程与贸易协议签订，在升级外贸服务的同时，推动了外贸企业的创新、转型、发展，进而带动了产业的可持续发展。

在跨境电子商务的驱动下，一种广大生产商和销售商普遍参与、以资金往来与信息往来为核心、以跨境物流为依托的全新对外贸易形式正在形成，对外贸易主体发生改变。在这种形势下，为了适应电子商务所带来的角色与主营业务的变化，原本那些作为国家间商品与服务买卖中间商的进出口贸易公司纷纷做出改变，逐渐向企业对外贸易与电子商务平台服务商转型，而且这些进出口贸易公司具有较为丰富的对外贸易经验，能够对不同客户的需求以及对外贸易的竞争环境进行分析，得出科学合理的判断，而这些分析判断将会为参与对外贸易的生产商和销售商提供重要的决策信息。由此一来，不仅改变了大型企业在对外贸易中的主体地位，而且使一些中小企业通过构建自己的电子商务平台而参与到对外贸易中，使我国对外贸易格局发生了改变，也为国际贸易市场注入了新动力。

虽然近两年我国对外贸易额增速有所放缓，但对外贸易对跨境电子商务的推动作用不断增强，主要体现在两个方面：一方面，我国对外贸易的平稳发展推动了我国市场经济的进步，提升了我国贸易大国的地位，特别是在人民币国际化的背景下，为跨境电子商务带来了良好的货币环境；另一方面，在对外贸易发展的同时，国际市场对跨境电子商务的需求也在持续增加。在经济全球化背景下，传统对外贸易产业正在转型升级，需要跨境电子商务来

带动新型国际贸易产业发展，为全球经济发展带来新的动力。

# 四、有效推进我国跨境电子商务发展的策略

## （一）强化协同效应并打造企业核心竞争力

对于跨境电子商务企业而言，在经济全球化的竞争中，企业需要运用良好的营销战略，并整合产品销售与服务各个环节，才能够在国际化竞争中保持一定的优势。因此，我国跨境电子商务企业，必须要构建完整的供应链，通过创新技术与模式的方法，提高企业核心竞争力。企业可以创新跨境物流服务体系，通过提升物流效率来提升贸易效率；可以尝试建立海外仓储仓库，以降低物流周期，提高物流效率。与此同时，各企业之间可以通过细化社会分工，来实现资源共享、信息共享，加强合作与交流，提高我国跨境电子商务企业在全球市场的竞争力。通过强化协同效应，实现行业资源整合与产业链无缝对接，有利于提高企业的影响力，发挥产业集聚效应。

## （二）完善相关政策以适应国际化发展趋势

在经济全球化的发展趋势中，企业除了要从自身入手，打造核心竞争力，组建精英化团队，政府也要顺应国际化的发展趋势，从政策上给予产业发展一定的支持。近年来，我国政府已经充分意识到跨境电子商务对于推动外贸增长的重要价值，所以出台了一系列推动跨境电子商务发展的支持政策，但是在宏观的税收政策、通关政策与保护消费者权益政策等方面，还需要继续加强，具体策略如下：首先，完善跨境电子商务的法律法规。目前我国国际贸易的法律法规还不完善，在广泛开展电子商务贸易背景下，相关法律法规一定要适应形势发展的要求，使跨境电子商务发展有法可依。为跨境电子商务营造良好的法律环境，一方面需要依托我国的基本法律，另一方面还需要针对现实情况，规范完善促进我国跨境电子商务持续健康发展的相关制度。其次，强化基础设施建设，优化跨境电子商务物流服务体系。为了适应我国

跨境电子商务日益增长的市场需求，政府相关部门还需要构建高效、高品质、有安全性保障的网络信息环境。比如，降低城乡的宽带资费，鼓励并引导信息技术的创新和发展，同时加强在跨境物流方面的支持，制定一系列的优化通关、检疫等措施，完善物流管理体系。最后，完善跨境电子商务的信用环境。对于跨境电子商务而言，良好的信用环境无疑对其健康发展有着重要作用，建设完善的信用体系有利于推动跨境电子商务的良性增长，进而推动我国对外贸易的持续健康发展。

### （三）普及跨境电子商务应用，加快专业人才培养

企业是跨境电子商务发展的主体，发展跨境电子商务有利于增加企业的收益。相关部门应针对目前跨境电子商务的应用现状，采取有效措施强化企业对跨境电子商务的应用意识与能力。例如，企业应不仅只是在营销服务中应用跨境电子商务，也需要将其应用于企业管理等多方面。同时针对一些偏远落后地区跨境电子商务普及率低的问题，相关部门要加强宣传普及，使当地企业了解跨境电子商务的优势，在提高企业应用意识的基础上提高其应用水平。另外，要加强对外贸行业跨境电子商务相关法律建设，明确规定售后维权、产品维权、市场运行等多方面的内容，让更多企业在跨境电子商务发展中受惠。与此同时，跨境电子商务的发展和我国对外贸易的发展，都需要专业人才。一方面，企业可以通过校企联合的方式，在学校打造培训基地，提高学生实践能力，并根据不同的岗位需求有针对性地招揽人才；另一方面，企业可以通过科学、合理的人力资源规划，对企业员工开展定期培训，并制定合理的晋升、绩效考核与激励机制，调动员工的积极性，让员工和企业可以一同成长，增强跨境电子商务企业的软实力。

作为世界第二大经济体，我国应不断推动跨境电子商务的发展，因为这符合经济全球化下我国对外贸易增长的需求，也将有助于提高我国对外贸易的国际市场份额。通过分析我国贸易增长与跨境电子商务的联动性，笔者认为采取有针对性的促进发展策略，将有助于提高我国市场经济的整体水平，推动对外贸易的发展，在新常态的经济发展路径中，促进我国经济的转型发展。

# 第四节　跨境电子商务
# 与外贸模式转型

近年来，随着国际经济的不断发展，跨境电子商务应时而生。与传统的对外贸易方式相比，跨境电子商务凭借互联网的优势，被大众逐渐熟知，对社会经济的发展产生了积极的影响。

分析我国跨境电子商务发展中存在的问题和跨境电子商务对我国对外贸易的影响，提出跨境电子商务发展推动我国对外贸易模式转型的对策，有助于更好地推动我国对外贸易模式转型，促进国民经济发展。

## 一、跨境电子商务如何影响对外贸易

### （一）扩大贸易主体

随着社会经济的发展，电子商务成为我国经济发展的重要活动，跨境电子商务是一种具有国际性质的交易活动，对经济发展具有重要的影响。我国跨境电子商务模式主要分为两种，一是 B2B，二是 B2C。随着现代信息技术的不断普及，越来越多的企业可以通过互联网平台来展示和销售自己的商品与服务，并且在某种程度上不受时间和地域的限制。不管是国内消费者还是国外消费者，都可以直接与厂商联系。跨境电子商务的出现，无疑大大降低了企业进入外贸行业的门槛，扩大了对外贸易的主体，促进了对外贸易的繁荣发展。

### （二）促使企业改善自身的经营模式

目前，跨境电子商务的发展势头很猛，但也面临着转型升级的问题。跨境电子商务企业若想扩大自身的发展规模和市场竞争力，就必须不断完善与创新企业的营销方式与管理模式，调整经营目标，灵活采用多种生产方式与组织形式，更好地整合与处理网络营销、网络支付、物流等经营链条，增强可控性，降低生产风险与各环节成本，提高客户体验度，从而推动我国对外贸易的良好发展。

### （三）带动对外贸易的增长

现代社会，传统的对外贸易方式早已无法很好地适应经济发展的新形势，呈现出缓慢增长乃至负增长的趋势。跨境电子商务借助现代信息技术，通过虚拟网络来展示与销售商品，促成交易，不但能有效收集客户信息，提高对外贸易的成功率，还能最大程度上简化对外贸易的流程，降低贸易双方的时间成本与交易费用，以此实现双方利益的最大化。这种交易模式无疑打破了传统的对外贸易形式，有利于推动我国对外贸易经济的增长。

## 二、影响跨境电子商务发展的因素

物流对于跨境电子商务的重要性是不言而喻的。只有物流效率高，跨境电子商务才能取得消费者的好感与信任，得到更好的发展。但是，当前物流已经成为制约跨境电子商务发展的主要因素之一。

跨境电子商务的物流模式主要包括国际专线物流、国内快递渠道、国际邮政物流、海外仓储派送这四种方式。不同的物流模式，时效和运费大不相同，也存在不同的管理难度。跨境贸易发展迅速，跨境电子商务物流发展相对滞后，这就直接影响到跨境电子商务的交易成本和顾客满意度，限制了跨境电子商务的健康发展。

跨境电子商务在飞速发展的同时，也带来了一系列支付安全问题。当前，跨境电子商务主要通过虚拟网络来进行支付交易，也就是说，顾客要通过网络支付服务方式（主要包括第三方支付平台和网上银行支付服务系统）。这样的支付方式必定会带来一些资金安全问题，如某些不法分子可能会通过各种手段入侵电子商务平台的支付系统，非法窃取贸易资金和信息；由于交易资金不是立刻到账，双方的交易存在周期性，也可能会出现资金管理的问题。跨境电子商务的资金安全问题是影响其发展的重要因素。

近年来，我国跨境电子商务发展得如火如荼，其市场规模和影响力在不断扩大，成为推动我国对外贸易发展的重要动力。我国跨境电子商务发展的时间较短，仍然处于发展的初期，却呈现出迅猛的发展势头，但也出现了许多新的变化和问题。与此同时，我国相关的法律法规建设速度跟不上跨境电子商务的发展速度，跨境电子商务的法律法规不健全，导致我国现有跨境电子商务的管理不规范，带来了许多发展隐患，容易出现恶性竞争、征税纳税等问题，不利于我国跨境电子商务的进一步发展。

在互联网信息技术的支持下，越来越多的中小企业有机会开展跨境电子商务，开拓国际市场，这就需要更多的跨境电子商务人才。由于跨境电子商务不同于传统的外贸模式，涉及网络营销、数据分析、物流客服、电子支付等问题，所以跨境电子商务人才需要具备更高层次的知识水平与应用能力。具体来说，跨境电子商务人才需要具备英语交流、营销策划、数据分析等业务能力，了解一定的国际贸易基本常识与术语、国际贸易支付方式、国际金融服务、国际物流、中西方文化差异等知识。但是，我国跨境电子商务作为一门新兴产业，本身的人才储备就比较少，具备丰富经验的跨境电子商务人才的数量则更少，这也限制了我国跨境电子商务的发展。

## 三、跨境电子商务推动外贸模式转型的策略

### （一）瞄准市场，制订战略发展规划

跨境电子商务作为一种新型的对外贸易方式，结合了电子商务与国际贸易这两种业务特点，涉及国际物流、网络支付、通关退税、征税管制等问题。跨境电子商务虽然近年来发展得很好，但相关人员也要具备长远眼光和忧患意识，瞄准市场，明确定位，避免走传统外贸模式的老路。

基于此，我国应当结合实际国情，制订相应的跨境电子商务战略发展规划，对跨境电子商务企业做出示范性的引导，推动不同层次的跨境电子商务企业发展；同时完善相应的法律法规，建立起良好的市场秩序，进而促进我国跨境电子商务行业的健康发展，提高我国跨境电子商务行业的整体水平，加快我国对外贸易模式转型。

## （二）解决物流配送问题，提升顾客体验

跨境电子商务作为一种新型的贸易模式，是我国新的对外贸易增长点。近年来，跨境电子商务交易在我国对外贸易中的比重不断上升。跨境电子商务的发展，深刻影响着世界传统贸易格局，极大地推动了我国对外贸易经济的发展，也推动我国对外贸易的转型和升级。但跨境电子商务在发展过程中，也面临着一系列问题，这也制约着我国对外贸易的转型。

传统的对外贸易主要是通过传真、电话等方式进行大额业务交易，不但要受到地域和时间的限制，也要消耗较多的财力、物力与人力。跨境电子商务作为一种新的对外贸易模式，主要通过网络支付的方式进行交易。正是由于跨境电子商务具有方便、快捷的优点，所以受到许多人的青睐。物流在跨境电子商务的发展中具有举足轻重的作用。因而，为了更好地促进我国跨境电子商务的发展，必须要不断提升物流配送效率，降低压货运货成本，提升顾客体验。

## （三）充分利用互联网，实现精准营销

所谓的跨境电子商务，简单来说，就是指不在同一国家或地区的交易双方通过电子网络平台，实现交易以及结算等工作，然后运用跨境物流将商品送达，进行国际间的一种商业买卖活动。与传统的对外贸易方式相比，跨境电子商务具有数字化的特点，能够充分利用互联网收集、分析与处理相关的数据，进而推动自身实现更好更快的发展。

跨境电子商务企业应当具有互联网思维，大力应用大数据技术，收集用户消费爱好、行为与习惯，有针对性地投放广告，加强与用户的联系，实现

精准营销；同时通过大数据分析，能够进行有针对性的改进工作，不断完善与创新自身的服务体系，提升自身的服务水平，从而推动我国对外贸易模式的转型升级。

### （四）培养跨境电子商务人才，促进长远发展

人才对于一个企业的发展有着不可忽视的重要作用。因而，在当今市场竞争激烈的时代，国家应当加大对跨境电子商务人才的培养力度，通过校企合作等模式，为跨境电子商务企业提供合适的高质量人才。跨境电子商务企业也应当注重人才引入，发挥人才的创新作用，从而更好地拓展海外市场，推动对外贸易的发展。

随着经济全球化和电子商务的快速发展，跨境电子商务发展势头迅猛且潜力巨大，成为我国新的经济增长方式，给我国的对外贸易注入了新的活力。随着我国跨境电子商务的飞速发展，我国对外贸易经济也在不断的增长，对国民经济产生了较好的影响。跨境电子商务市场到处都充满着机遇与挑战，我国跨境电子商务企业应当以现代信息技术为支撑，抓住机遇，积极探索与创新经营模式，瞄准市场，制订战略发展规划，主动占据有利地位，不断扩大自身的竞争优势，从而提升贸易水平，有效促进我国对外贸易的转型发展。

# 参考文献

[1] 刘俊华. 经济转型过程中对外贸易与经济发展的探讨[J]. 江西广播电视大学学报, 2018（2）：68-73.

[2] 周子健. 浅谈新常态经济下我国本土企业如何发展对外贸易[J]. 纳税, 2018（16）：193.

[3] 吴莉. 浅析对外贸易对中国经济的影响[J]. 纳税, 2018（15）：194.

[4] 李月娥. 对外贸易与经济增长的关联性分析[J]. 济南职业学院学报, 2018（1）：114-116.

[5] 于彤彤. 对外贸易对中国经济增长的长期影响分析[J]. 经济论坛, 2011（1）：62-66.

[6] 王光净, 杨继君, 李庆飞. 区域经济可持续发展的系统动力学模型及其应用[J]. 改革与战略, 2009（1）：128-132.

[7] 刘莉. 国际贸易和区域经济发展分析[J]. 中国市场, 2013（29）：99-100.

[8] 刘渝琳, 冯其云. 外资企业对外贸易与经济增长关系的区域差异分析：基于我国东部和西部地区面板数据的检验[J]. 国际对外贸易问题, 2007（3）：59-66.

[9] 景永静. 基础设施在区域经济差异中的作用探析[J]. 河南财政税务高等专科学校学报, 2009（3）：52-55.

[10] 高国力. 区域经济不平衡发展论[M]. 北京：经济科学出版社, 2008.

[11] 花俊, 顾朝林. 我国区域发展差异的贸易经济研究[J]. 地理研究, 2011（3）：322-329.

[12] 何莉. 对外贸易与中国地区经济的差距[J]. 财经科学, 2007（7）：104-111.

[13] 余淼杰.改革开放四十年中国对外贸易奇迹：成就与路径[J].国际贸易，2018（12）：4-9.

[14] 罗艳.中国对外贸易的经济增长效应及其作用机制的区域差异性研究[D].重庆：重庆大学，2004.

[15] 李国柱,马树才.区域贸易差异与区域不平衡发展研究[J].商业研究，2007（8）：24-26.

[16] 付云鹏，马树才，丁义文，等.东北亚区域经济合作对中国产业结构的影响研究[J].科技通报，2017（9）：265-268.

[17] 叶传旭，刘晓东.金融支持吉林省地方经济发展的对策研究[J].现代交际，2018（7）：78-80.

[18] 张小倩，陈国庆，王辉艳，等.区域对外贸易可持续发展效率研究：基于吉林省的实证研究[J].黑龙江工业学院学报（综合版），2017（9）：70-78.

[19] 张丽娜，王桂霞.吉林省金融服务业发展与全国比较[J].经济纵横，2014（12）：85-88.

[20] 赵蓓文，陈煜明.中国对外投资新战略与开放经济发展新格局[J].金融市场研究，2015（6）：73-83.

[21] 宋璨.中国服务贸易商品结构转型升级研究[D].沈阳：沈阳师范大学，2014.